Mandacaru

Mandacaru

Rachel de Queiroz

ORGANIZAÇÃO Elvia Bezerra

SUMÁRIO

9 NATA E FLOR DO NOSSO POVO

59 Mandacaru
   Nheengarêçaua 68
   D. Bárbara de Alencar 74
   O êxodo 82
   O Acre 90
   Nascimento 98
   Cedro 104
   Orós 110
   Meu padrinho 116
   Lampião 122
   Renda da terra 130

145 Critérios para fixação de texto e notas

154 Bibliografia

NATA E FLOR DO NOSSO POVO[1]

Elvia Bezerra

"Poesia para mim é quase uma religião, é um gênero sagrado, inacessível, e tenho poucos santos dentro dele. O Bandeira é um" – declarou Rachel de Queiroz em entrevista aos CADERNOS DE LITERATURA BRASILEIRA.[2] Frase curta, essa com que a autora de *O Quinze* expressa devoção por Manuel Bandeira e em que dá o seu conceito personalíssimo de poesia.

Tal rigor justifica a renúncia de publicar em livro os versos com que, ao lado da prosa e do teatro, iniciou sua carreira de escritora nos jornais cearenses. Não se reconheceu poeta. Na década de 1990, durante uma conferência na Universidade Federal do Ceará, comentou, bem-humorada, depois que o professor e crítico literário Sânzio de Azevedo, à mesma mesa, leu um poema seu: "O Sânzio acaba de me caluniar, me chamando de poeta".

1. Verso da louvação "Rachel de Queiroz", de Manuel Bandeira.
2. "As três Rachéis". *In*: INSTITUTO MOREIRA SALLES. CADERNOS DE LITERATURA BRASILEIRA, n. 4. Rio de Janeiro: IMS, 1997, p. 32.

Não se poderia esperar outra atitude de uma escritora de extraordinário talento e espantosa lucidez. No entanto, na década de 1920, ela não se furtou a aderir, com versos, às manifestações do grupo modernista cearense no suplemento literário *Maracajá*, do jornal *O Povo*. Sem encontrar na poesia sua forma de expressão natural, não deixou de aí fixar os grandes temas a que se dedicaria na obra de prosadora.

As referências a *Mandacaru* indicam que houve *démarches* para publicação. "Quase publicou um livro de poemas – *Mandacaru* –", garante Antônio Carlos Villaça na introdução que escreveu para *Rachel de Queiroz: os oitenta*.[3] Haroldo Bruno, por sua vez, informa que ela "pensa em reunir sua produção poética num volume que teria o título de *Mandacaru*".[4]

Apesar disso, continuava inédito até hoje o livrinho de dez poemas escritos em 1928. São, portanto, anteriores a *O Quinze*, romance com que a autora estreou no gênero em 1930, surpreendendo o Brasil com a sua prosa vigorosa e enxuta. Já se vão 80 anos desde a publicação dessa obra que causou espanto em escritores como Graciliano Ramos, que, duvidando da autoria de uma jovem de 20 anos incompletos, achou que Rachel de Queiroz deveria ser "pseudônimo de sujeito barbado".

Foi em dois jornais cearenses, *O Ceará* e *O Povo*, bem como na revista semanal *A Jandaia*, que a mocinha de então 16 anos, nascida na capital do Ceará e depois transplantada para a cidade de Quixadá, se escondeu sob o pseudônimo de Rita de Queluz para mostrar os versos e as crônicas do início de sua carreira literária.

---

3. *Rachel de Queiroz: os oitenta*. Rio de Janeiro: José Olympio, 1990.

4. BRUNO, Haroldo. *Rachel de Queiroz: crítica, bibliografia, depoimento, seleção de textos, iconografia*. Rio de Janeiro/Brasília: Livraria Editora Cátedra/Instituto Nacional do Livro, 1977, p. 104.

Uma interessante carta recebida pela Rainha dos Estudantes

Minha graciosa Magestade.

Quero primeiro dar-lhe os parabens calorosos pelo triumpho que sua bella intelligencia de mulher culta alcançou sobre a dolorosa mediocridade de nossas melindrosas.

Nada mais justo que o acto das classes estudiosas do Ceará, elegendo a.

Mas, agora que vae ter sobre a fronte o diadema real, pergunto-me se são de facto os parabens, que lhe devo dar.

Não os acha mal cabidos, dada a actual desvalorização do sangue azul?

E já pensei quantos inconvenientes acarretam actualmente o sceptro e a corôa!

Porque isso de ser rei, exige etiqueta, sequitos, uma infinidade de trapalhadas em que a nossa embriaguez do primeiro triumpho, nem siquer imaginou.

E, a não ser assim, com todo esse apparato magestoso, não é admiravel a realeza.

Senão, vejamos um exemplo.

Tomo eu, na praça do Ferreira, o meu popular e economico bonde; junto a mim, vae uma senhorinha, cujo olhar vivo e physionomia intelligente sobresáem das caras vulgares que commigo viajam.

Muito naturalmente, volto-me para meu visinho de banco e, numa curiosidade innocente, porquanto:

— Quem é essa senhorinha que está a meu lado?

— E' Sua Magestade, a rainha Suzina.

Avalie minha decepção!

Eu, que na minha ingenuidade de tabaroa só comprehendia rei á antiga, de carruagem, manto e corôa de ouro, não posso conceber essa rainha 'made ás pressas', que anda comigo no bonde, não conduz pajens nem batedores, que não usa corôa nem manto e que, como nós, pobres mortaes, paga modestamente o seu tostão.

É por isso que avento a ideia de lhe mudarem o titulo; e, em vez de ser chamada «Sua Magestade, Suzana I, Rainha dos Estudantes Cearenses», proclamem-n'a como «Chefe do Soviet Estudantal do Ceará».

Veja que titulo pomposo! e não lhe acarretaria o absurdo e anachronico «Magestade»; bastar-lhe-ia, quando muito o «Excelencia», ou o sympathico e democrata «Cidadã-Chefe».

Não seria muito mais bonito? Então sim; uma vez que fosse feita essa mudança, viriamos na actual Rainha, não a cabulosa Magestade, mas a encantadora — Chefe, que conquistou os louros que a cobrem pelo alto merito de seu esforço e de seu talento, e cujo titulo ultra-democratico, permitte os mais phantasiosos e populares meios de locomoção, dispensa toda essa cambulhada de complicações que um rei leva após si, sem escandalo dos tabaréos ingenuos, dos civilizados ignorantes, e dessa quasi maioria de mediocres que enchem o nosso lindo Ceará.

Talvez que os poucos espiritos cultos da terra comprehendam essa cousa paradoxal e extravagante, que é fazer-se uma rainha nos tempos actuaes.

Porém esses, feliz ou infelizmente, são poucos, e os outros, que são muitos dispõem do unico argumento reconhecido actualmente: — a maioria.

E é em nome dessa maioria soberana que lhe venho pedir, minha graciosa Magestade, que abandone este titulo belorento e anachronico, que não condiz com os seus dezoito annos provaveis, suas ideias de mulher hodierna, e com isso que todos respeitamos e a quem se dá o nome de espirito moderno.

Faça inversamente o que fizeram os dois Napoleões da França!

Dê um golpe de Estado... mas de traz para diante!...

E aguardando a feliz occasião em que tenha o direito de lhe dar o cordeal abraço fraternal da democracia, sou por ora, a subdita reverente que lhe beija as mãos.

Rita de Queluz

Estação de Junco, Estrada de Ferro de Baturité, 23 de Janeiro de 1927.

A graça e a irreverência da futura cronista já se evidenciam nesta carta com que Rachel de Queiroz estreou na imprensa com o pseudônimo de Rita de Queluz.

Dossiê Laudomiro Pereira/Fundo Rachel de Queiroz/Instituto Moreira Salles

---

* O trecho ilegível do artigo é o seguinte: "Eu, que na minha ingenuidade de tabaroa, só compreendia rei à antiga, de carruagem, manto e coroa de ouro, não posso conceber essa rainha 'made às pressas', que anda comigo no bonde, não conduz pajens nem batedores, que não usa coroa nem manto e que, como nós, pobres mortais, paga modestamente o seu tostão.// É por isso que avento a ideia de lhe mudarem o título; e, em vez de ser chamada 'Sua Majestade, Susana i, Rainha dos Estudantes Cearenses', proclamem-na como 'Chefe do Soviet Estudantal do Ceará'.// Veja que título pomposo! E não lhe acarretaria o absurdo e anacrônico 'Majestade'; bastar-lhe-ia, quando muito o 'Excelência' ou o mais simpático e democrata 'Cidadã-Chefe'."

Antes, já tinha escrito "contos cheios de tempestades, de um romantismo terrível" – confessaria ela mais tarde. Eram certamente reflexos das longas horas de leitura que fazia na velha casa da fazenda do Junco, onde morava com os pais, Daniel de Queiroz, juiz de direito que acabaria por abandonar as leis para ser cem por cento fazendeiro, e Clotilde Franklin de Queiroz, intelectual refinada que incentivou nos filhos o hábito da leitura.

Não foi à toa, portanto, que *O Ceará* caiu nas mãos de Rachel de Queiroz, nos alpendres do Junco. Ali ela reencontrava a família, o sertão, o açude da sua infância, depois dos cinco anos passados no Colégio da Imaculada Conceição, em Fortaleza, de onde saiu, em 1925, com o diploma de professora primária. Estava com 15 anos de idade e se divertia lembrando o susto que dera na irmã Apolline durante a primeira entrevista no colégio, aos dez anos de idade. Quando a religiosa lhe perguntou como faria se quisesse dar a volta ao mundo, a aluna, com a integridade de sertaneja e de leitora de Júlio Verne, escarneceu: "A senhora quer ir pelo canal do Panamá ou pelo estreito de Magalhães?".

Quando saiu do Imaculada Conceição, Rachel de Queiroz não quis saber de sala de aula. Preferiu caminho mais ousado. Enviou uma carta datada de 23 de janeiro de 1927 ao jornal *O Ceará*, que a publicou no dia 3 do mês seguinte. Sob o pseudônimo de Rita de Queluz, ela se dirige à recém-eleita Rainha dos Estudantes, Susana de Alencar Guimarães, editora da coluna literária *"Jazz-band"*, no mesmo jornal. A linhagem da nova soberana era tão simples – representava apenas as "classes estudiosas" do Ceará –, que a missivista julgou desnecessário dar os parabéns à vencedora, a quem pergunta: "Não os acha mal cabidos, dada a atual desvalorização do sangue azul?" – provocava a Queluz, do alto de seus 16 anos. Ironicamente, a própria Rachel seria eleita Rainha dos Estudantes em 1930.

Ao contrário do que se poderia esperar, a carta malcriada rendeu contrato. Logo que se mudou para os arredores de Fortaleza, no sítio do Pici, em 1927, Daniel de Queiroz levou a filha à redação de *O Ceará*. Apresentada ao então diretor literário do periódico, ali chamado de barão de Almofala, Rachel foi logo convidada a colaborar com regularidade na coluna "*Jazz-band*".[5] O estilo da moça se diferenciava claramente do de Susana Guimarães, que assim noticiou mais um texto da nova colaboradora:

> Rita de Queluz, que hoje enviou para o "*Jazz-band*" uma linda violeta espiritual do jardim que é a sua alma de mulher artista, é o pseudônimo de suave escritora patrícia que, com a sua prosa forte, nos dá a grande alegria de saber que no Ceará há cérebros femininos que, em pleno esplendor das suas 16 primaveras, sabem pensar e sentir.

Enganou-se o leitor de *O Ceará* se imaginou que os floreados da editora da coluna seduziriam Rita de Queluz. Ela não só questionou o emprego disparatado dos adjetivos "suave" em "suave escritora" e "forte" em "prosa forte", que Susana Guimarães usou em incompreensível contraste, como repudiou a inconfidência cometida em relação às suas "16 primaveras". E disparou: "Não viu que esses 16 anos, assim trombeteados, prejudicariam terrivelmente a minha futura fama?" – argumentava ela, ao final da carta que o mesmo jornal reproduziu.

Estaria antevendo o futuro? Não precisava ser visionária para, já em 1927, reconhecer a diferença entre sua "prosa forte" e os floreios de Susana Guimarães. E não foi só a fama de escritora que ela anunciou na carta.

---

5. Cf. SARASATE, Paulo. *O Rio Jaguaribe é uma artéria aberta*. Rio de Janeiro/São Paulo: Freitas Bastos, 1968, p. 16.

Rachel de Queiroz em visita à redação do jornal *O Ceará*, em 1927. À sua direita, Susana Guimarães, editora da coluna "*Jazz-band*" daquele periódico. À esquerda, Clotilde e Daniel de Queiroz, os pais da futura escritora.

Arquivo Maria Luíza de Queiroz

Os elementos que fariam de Rachel de Queiroz a cronista consagrada da "Última Página" da revista *O Cruzeiro*, na qual ela escreveria de 1945 a 1975, já estavam presentes nessa sua estreia epistolar em jornal. Aí já se evidenciam a graça, a naturalidade e o tratamento do *fait-divers* próprios da crônica, esse "gênero anfíbio", como diria o poeta e ensaísta Lêdo Ivo, "que, pertencendo simultaneamente ao jornalismo e à literatura, assegura a notoriedade e garante o esquecimento".[6]

Não será esse, no entanto, o caso de Rachel de Queiroz, que agregou à fama como romancista o prestígio de cronista do primeiro time, no qual figura em antologias ao lado dos mestres no gênero, como Carlos Drummond de Andrade, Clarice Lispector, Fernando Sabino, Manuel Bandeira, Paulo Mendes Campos, Rubem Braga ou Cecília Meireles.

A despeito de sua consagração no romance, Rachel de Queiroz gostava de se declarar jornalista: "Eu não sou uma romancista nata. Os meus romances é que foram maneiras de eu exercitar meu ofício, o jornalismo."[7] Talvez preferisse a liberdade que a vida de cronista lhe assegurava. Ironicamente, a profissão garantiu a ela uma casa bem alicerçada, uma fortaleza, quase, e não a fugacidade da tenda a que se refere Rubem Braga na crônica "Manifesto":

> Nossos ofícios são bem diversos. Há homens que são escritores e fazem livros que são verdadeiras casas, e ficam. Mas o cronista de jornal é como o cigano que toda noite arma sua tenda e pela manhã a desmancha, e vai.[8]

---

6. "O outro Otto". In: IVO, Lêdo. *Ajudante de mentiroso*. Rio de Janeiro: Academia Brasileira de Letras/Educam, 2009, p. 93.

7. INSTITUTO MOREIRA SALLES. *Op. cit.*, p. 33.

8. BRAGA, Rubem. *200 crônicas escolhidas*. Rio de Janeiro: Record, 1977, p. 152.

FRANCOATIRADORA Tratada por cronista em *O Ceará* a partir de setembro de 1927, ela alternava a assinatura: Rita de Queluz, Rachel, ou Rachel de Queiroz. Acontecia ainda de escrever seu nome verdadeiro com o pseudônimo entre parênteses. De uma maneira ou de outra, publicou ali vários poemas, entre os quais "Rosas de Santa Luzia", que Manuel Bandeira incluiu a partir da segunda edição de sua *Antologia de poetas brasileiros bissextos contemporâneos*, em 1964. A despeito do final trágico, o poema guarda certa graça na sua dicção mais coloquial: "*Santa Luzia,/ pois eu hei de ir à festa assim,/ com estes olhos encarnados?/ Santa Luzia tenha dó de mim,/ eu hei de ir ver o Raimundo com os olhos inchados!* [...] *Na blusa branca da Maria/ o sangue desenhou uma rosa encarnada. – 'Santa Luzia!/ Tome a flor que o Raimundo me deu hoje!'*."

Curiosamente, tanto em "Rosas de Santa Luzia" como em "Maledicência", ambos divulgados em *O Ceará* em abril de 1928, a autora assinou Maria Rosalinda, pseudônimo que abandonaria rapidamente. Bandeira, ao incluir "Rosas de Santa Luzia" na *Antologia*, declara que os versos tinham sido publicados em 1931, na revista *Vida Literária*, então dirigida por Oswaldo Orico. Certamente desconhecia a versão, sob pseudônimo, de 1928.

A participação de Rachel de Queiroz em *O Ceará* não se restringiu a crônicas e poemas. Publicou igualmente, a partir de julho de 1927, o romance em folhetim *História de um nome*, inédito em livro, assim como a peça de teatro *Minha prima Nazaré*. Entrava no jornalismo com a bagagem de quem vinha de uma família em que todos liam com avidez, a começar pela avó paterna, também chamada Rachel. Na famosa casa de 85 portas da fazenda Califórnia, no mesmo sertão cearense, a matriarca criou os dez filhos. Ali mesmo ouviria, depois, os netos lerem para ela em francês. Rachel não fugia à regra, mas a mãe se mantinha vigilante a respeito da qualidade das leituras. Certa vez, ao encontrar a filha pronta para ler um romancezinho qualquer, alertou-a para aquele tipo de literatura *rosée* – assim chamava d. Clotilde as obras sem qualidade literária. Foi para tirar a adolescente desse caminho que lhe pôs nas mãos o romance de Eça de Queiroz *A cidade e as serras* – contaria a escritora em entrevista a Hermes Nery.[9]

Em 1927, Rita de Queluz era razoavelmente conhecida em Fortaleza. Não tardou que o jornalista baiano Demócrito Rocha, aquele barão de Almofala com quem ela trabalhava em *O Ceará*, a levasse para escrever no jornal *O Povo*, que ele fundou na capital cearense com o colega e futuro político Paulo Sarasate.

A redação de *O Povo* era o lugar ideal para quem não gostava de literatura *rosée*. Ali Rachel entrou em contato com o pessoal "comunizante" – dirá ela: "Meus colegas, Djacir Meneses, Jáder de Carvalho, todos eles me levaram para o esquerdismo".[10]

Foi em *O Povo* que, sob o pseudônimo de Antônio Garrido, sobrenome, aliás, de acordo com seu arrojo, que Demócrito Rocha congregou em torno de si a jovem e promissora *intelligentsia* do Estado. Sob a direção desse jornalista, havia lugar para os antigos e os novos na seção semanal "Modernos e Passadistas", editada por Paulo Sarasate: evidenciava-se, desse modo, a transição por que passavam as letras naquele momento em que a estética modernista, promulgada na Semana de Arte Moderna de 1922, era difundida no Ceará. Para isso, o jornal *O Povo* foi importantíssimo, como se verá adiante.

9. NERY, Hermes Rodrigues. *Presença de Rachel*. Ribeirão Preto: FUNPEC, 2002, p. 71.
10. *Ibidem*, p. 66.

No número inaugural desse periódico, que circulou em 7 de janeiro de 1928, Rachel de Queiroz, apresentada como "robusta mentalidade feminina cearense", participou com o artigo "Propaguemos o ensino profissional", em que reivindica o ensino profissionalizante:

> Urge uma completa reforma nas bases dessa instrução: abolição das ridículas academias superiores, supressão de preparatórios desnecessários e idiotas. Fundemos escolas profissionais, escolas práticas, que sirvam para o aperfeiçoamento dos dois grandes fatores da grandeza das nações – operário e patrão.

Não foi menor a carga que despejou sobre os políticos que vetaram o direito de voto à mulher, tema da crônica "Essa questão do voto feminino", publicada em 14 de janeiro de 1928, em *A Jandaia*. O texto abre da seguinte maneira: "As mulheres não votarão. É coisa decidida. Os nossos pais da pátria não consentem." Destemida, a cronista se insurge contra os que negam à mulher direitos políticos "enquanto não assegurar sua independência financeira". Continua ela: "Eis a grande injustiça do homem, o mais presunçoso, o mais ingrato, o pior pagador de todos os animais que Deus pôs no mundo durante seis dias bíblicos".

Certamente a crônica foi inspirada no fato de, naquele ano de 1927, o Rio Grande do Norte, ao regular o serviço eleitoral no Estado, ter estabelecido que não houvesse mais distinção de sexo para o exercício do sufrágio. Dessa maneira, a potiguar Celina Guimarães Viana foi a primeira mulher brasileira a votar. Mas o Senado Federal não aprovou o projeto, e, apesar da veemência da cronista, o voto feminino só seria regulamentado em 1934.

Toda a trajetória de Rachel de Queiroz no gênero crônica já se delineia nos primeiros artigos publicados na imprensa. Não só do ponto de vista estilístico como da temática. Ela, que não participou dos movimentos feministas, reivindicou os direitos da mulher desde seus primeiros textos. A Hermes Nery, justifica sua posição:

> Nunca participei de nenhum movimento feminista. Acompanho com muito interesse todas estas transformações. Quando falo que não sou feminista é porque sempre estive em defesa da liberdade humana, de um modo geral, sem me deter a este ou àquele grupo. [...] Não sou feminista. Nada disso. Acho que o homem e a mulher possuem naturezas distintas. Mas nunca concordei com os excessos, principalmente os que tolhem a liberdade individual, seja do homem, da mulher, de quem for.[11]

Não bastassem as crônicas e os poemas para *O Povo* e *O Ceará*, em 25 de março do trepidante ano de 1928, Rachel de Queiroz desbancou Susana Guimarães e, além de assumir, em *O Ceará*, a editoria da coluna *"Jazz-band"*, tomou posse na vice-diretoria de *A Jandaia*, cujo redator-chefe era Pereira Júnior, poeta com quem trabalharia no suplemento *Maracajá*.

Caro aos modernistas por evocar o ritmo onduloso e não mais o martelado parnasiano, o nome da coluna remete ao livro do português António Ferro, *A idade do jazz-band*, lançado em São Paulo em 1923. Além disso, Ronald de Carvalho já decretara no poema "Teoria", dos *Epigramas irônicos e sentimentais*, de 1922: "*Cria o teu ritmo e criarás o mundo!*". E Manuel Bandeira, em "Não sei dançar", bradava: "*Sim, já perdi pai, mãe, irmão./ Perdi a saúde também./ É por isso que sinto como ninguém o ritmo do* jazz-band."

---

11. *Ibidem*, p. 48

Para marcar a transformação na "*Jazz-band*", a nova editora instituiu um concurso de quadras populares que, segundo ela, ainda conservavam "os mesmos metros, os mesmos motivos, a mesma rima".[12] Como se vê, pretendia estender as mudanças até mesmo a esse tipo de manifestação poética sedimentada nas rimas previsíveis do segundo com o quarto verso. Dedicava-se com arrojo ao ideário modernista e pregava, veemente:

> O movimento modernista, que agora agita sadiamente a poesia nacional, petrificada no parnasianismo decadente, ou amolecida na morbidez insossa dos líricos que ainda remanescem, não atingiu nem modificou em nada a nossa poesia popular.

O arrebatamento da convocação, feita em 1928, quando à primeira fase do Modernismo já chegava ao fim, guarda o tom dos discursos revolucionários do início da década de 1920: os cearenses não ficaram impunes aos mais de três mil quilômetros que os separam dos paulistas. Ainda assim, o Ceará não se coloca atrás, por exemplo, do Maranhão, onde a reação foi ainda mais tardia. "Ora, é geralmente aceito, e com razão, que o Modernismo, como estado de espírito dominante e criador, durou pouco menos de dez anos, terminando em 1930 com as revoluções políticas e a pacificação literária"[13] – analisaria Mário de Andrade.

De qualquer maneira, um voo ao Nordeste na década de 1920 mostra Rachel de Queiroz deslocando-se nos bondes da Ceará Light Tramways and Power para levar às redações dos jornais sua voz pela causa modernista; o

---

12. "Um concurso de *Jazz-band*". *O Ceará*, Fortaleza, 01.04.1928.

13. ANDRADE, Mário de. "Modernismo". In: *O empalhador de passarinho*. 2. ed. São Paulo: Martins Fontes, p. 186.

Mandacarú

(O POEMA DE RACHEL DE QUEIROZ)

Ha poucos dias, na residencia do distincto casal Beni Carvalho, perante um pequeno, mas distinctissimo auditorio, Rachel de Queiroz (Rita de Queluz), a jovem e brilhante poetisa e prosadora conterranea, leu o seu formoso livro de estréa — "Mandacarú", a sair brevemente.

Como é facil induzir de seu titulo symbolico, — "Mandacarú" é um poema em versos trabalhados ao gosto da esthetica modernista, cultuada, no Sul, por um grupo de espiritos moços, plenos de calor e vibração.

Para muita gente, falar em "modernismo" suscita, ainda, algo de prevenção, por isso que, confundido, por muitos, com o chamado "primitivismo", que tantos productos de insania ha apresentado, — não se tem dado áquelle a sua legitima interpretação.

"Mandacarú" é um poema regional, em dez cantos, filiado a essa corrente de arte, isto é, ao modernismo, na bôa acepção do termo.

Sua fulgurante criadora focalizou, nessas dez partes, os mais interessantes e surprehendentes aspectos da vida cearense, quiçá nordestina, apanhando-os com a objectiva maravilhosa de seu espirito, enamorado duma Belleza nova e liberta de todos os preconceitos decadentes.

Rachel de Queiroz fez, até certo ponto, uma obra de sociologia applicada, porque os nossos mais impressionantes problemas, os nossos mais turbilhonantes anseios e aspirações — todos se sentem dentro de sua Arte.

Ahi está o melhor elogio que se lhe pode fazer.

Muitos, certo, isto é, os misoneistas do Bello, não se agradarão da sua technica, do seu rithmo, dos seus motivos estheticos; mas esses mesmos não poderão negar ser o seu poema uma obra de pensamento, de fé apostolica nos nossos destinos, de dynamismo sadio e constructor.

Eis, numa synthese estreitissima, o ponto central desses poemas.

"Orós", — um dos cantos do livro, representa um dos mais bellos surtos de sua alma de artista, já pela emoção, já pelas idéas que contem.

Estas linhas apressadas, que, nem de longe, devem ser tidas como uma apreciação da obra encantadora e forte de Rita de Queluz, visam, apenas, um fim unico: levar-lhe a nossa homenagem, o nosso applauso, a nossa authentica admiração.

O CEARÁ — Quarta-feira, 5 de Setembro de 1928

As várias referências a *Mandacaru*, desde 1928, indicam que houve tentativas de publicação do livro.

Álbum de recortes organizado por Clotilde de Queiroz/Fundo Rachel de Queiroz/Instituto Moreira Salles

poeta Ascenso Ferreira cantando, no Recife, o "viço mulato" da luz de sua terra, em *Catimbó*;[14] José Américo de Almeida iniciando o ciclo do romance nordestino com *A bagaceira*; e Graciliano Ramos vendendo chita – declararia ele com seu proverbial mau humor, em entrevista a Homero Senna: "Enquanto os rapazes de 22 promoviam seu movimentozinho, achava-me em Palmeira dos Índios, em pleno sertão alagoano, vendendo chita no balcão".[15]

Nesse panorama, e apesar das muitas atividades, Rachel de Queiroz se manteve independente, bem ao jeito do pai. "Gosto de ser livre" – repetiria ela, e, em entrevista a Haroldo Bruno, declarou: "Sou aquela francoatiradora, de espingardinha de pica-pau".[16] Sua postura ao longo da vida fez com que, nos seus 80 anos, em 1990, Otto Lara Resende, com muita agudeza, escrevesse sobre ela, lembrando sua filiação ao Partido Comunista na década de 1930 e o apoio ao golpe militar de 1964: "Nunca foi ovelha de rebanho. Se acertou o passo com a tropa, empurrada pelo atávico e juvenil idealismo, também saiu da forma na hora que achou que era preciso seguir em frente, só ou até mal acompanhada."[17]

A VOZ DA PROVÍNCIA No prefácio de *Mandacaru*, que se lê nesta edição, a autora se apresenta aos "Irmãos do Sul", ansiosa por se inserir no "projeto de brasilidade" por eles desenvolvido. O gesto de dirigir-se aos pares distantes não era novidade entre seus

---

14. FERREIRA Ascenso. "Minha terra". In: *Catimbó*. 5. ed. Recife: Nordestal Editora, 1995, p. 58.

15. SENNA, Homero. *República das letras*. Rio de Janeiro: Gráfica Olímpica Editora, 1968, p. 185.

16. BRUNO, Haroldo. *Op. cit.*, p. 119.

17. RESENDE, Otto Lara. "Raízes e flores". In: *Rachel de Queiroz: os oitenta*. Rio de Janeiro: José Olympio, 1990, p. 123.

conterrâneos. Ainda em 1892, no ato de fundação da irreverente associação literária batizada com o nome de Padaria Espiritual, que tanto sucesso fez na Fortaleza daquela última década do século XIX, coubera ao romancista de *A normalista* e *Bom-crioulo*, Adolfo Caminha, enviar uma carta ao poeta português Guerra Junqueiro. Nada modestos, os padeiros, como eram chamados os membros da sociedade recém-fundada, se organizaram para estabelecer relações com os colegas de além-mar. Contavam com os portugueses para formar sua biblioteca, e para isso eram permitidos "todos os meios lícitos e ilícitos" – rezava o artigo 24 dos 48 do Programa de Instalação da Padaria Espiritual.

Não só com irreverência, mas também com modernidade, firmou-se essa sociedade estudada a fundo por Sânzio de Azevedo. É ele quem chama atenção para o espírito vanguardista da Padaria, ao salientar o artigo 21, segundo o qual "será julgada indigna de publicidade qualquer peça literária em que se falar de animais ou plantas estranhas à fauna e à flora brasileiras como cotovia, olmeiro, rouxinol, carvalho etc.". Isso era, afirma Sânzio de Azevedo, com razão, "antecipar, em 30 anos, uma das preocupações dos primeiros modernistas".[18]

A associação produzia o jornal *O Pão*, do qual sairiam 36 números, entre 1892 e 1896, e com ele os sócios não tiveram dificuldade em conquistar os portugueses. O gosto pelos patrícios era tamanho que, em 1892, os padeiros já conheciam *Só*, livro do poeta António Nobre, publicado em Lisboa naquele mesmo ano: "O *Só* era a nossa bíblia, o nosso encanto, o nosso livro amado", escreveria Adolfo Caminha nas *Cartas literárias*.[19]

18. AZEVEDO, Sânzio de. *Adolfo Caminha: vida e obra*. Fortaleza: Casa de José de Alencar, 1997, p. 60.

19. *Apud ibidem*, p. 58.

"Eu canto a alma de minha terra e a alma de minha gente.

Canto o meu sol ardente, amoroso e ruivo, que é o mais pessoal e caracteristico de todos os sóes do mundo.

Eu quizera que meu verbo estrellejando em faiscas, reunisse-as todas num só fóco, atrahindo para minha terra os olhares do mundo inteiro. E o que me dóe é ser o meu verbo tão fraco; e as mesquinhas scentelhas que ainda faúlham sumirem-se tão depressa quanto os pingos de fogo das *estrellinhas* de S. João.

Dizem que a arte deve ser universal.

Mas afinal, o que é que exprime «universalizar a nossa arte»?

Transformal-a numa colcha de retalhos cospomolitas ou lhe dar um perfil caracteristicamente brasileiro que a faça distinguir-se em m e i o do concerto artistico uievrsal?

SE EU FOSSE ESCREVER O MEU MANIFESTO ARTISTICO

Retalhando-a, espalhando-a, traccionada e anonyma, por outros povos e por outras artes, operando um trabalho de dispersão, já praticado por dois seculos de literatura, dividindo-se pelos deuses da Grecia, pelas nevroticas perversões byronianas, pelo heroico preciosismo de Hugo, pela doentia extravagancia do nephelibatismo, penumbrismo, futurismo, e quejandas contorsões de decadencia?

Além do que, só comprehendo e admiro uma manifestação artistica quando é expontanea e sincera.

E, sinceramente, expontaneamente, meu coração só pode sentir e cantar o que sente e canta minha raça.

A interpretação de sentimentos extranhos, de bellezas extranhas, feita por informação ou intuição é forçosamente convencional, falsa ou impessoal.

Eis porque sou nacionalista, eis porque dentro de meu nacionalismo inda me estreito mais ao circulo de meu regionalismo.

E' que sinto que quanto mais proxima e familiar a paysagem, quanto mais intimo o motivo de inspiração, quanto mais integrado o artista com o modelo, mais fiel, mais expontanea e sincera será sua intrepetração.

Eis porque eu canto o sertão, o sol, o Orós, as carnahubas, o algodão, os seringueiros, os jaguncos, os cantadores e os vaqueiros, a caatinga, a Amazonia, a praça do Ferreira e o Cariry; eis porque canto o presente tumultuoso de minha terra e o seu passado tão curto, tão claro, tão cheio de expansão e vitalidade que é quasi um outro presente.

RACHEL DE QUEIROZ

MARACAJÁ, 1929

Artigo publicado no número 1 do suplemento literário *Maracajá*, do jornal *O Povo*, de 7 de abril de 1929, página 10.

Álbum de recortes organizado por Clotilde de Queiroz/Fundo Rachel de Queiroz/Instituto Moreira Salles

Entusiasmavam-se com a desesperança arrasadora do português no soneto 18 desse livro: *"E a vida foi, e é assim, e não melhora./ Esforço inútil. Tudo é ilusão./ Quantos não cismam nisso a esta mesma hora/ Com uma taça ou um punhal na mão!"*[20]

E não se pense que a comunicação entre cearenses e portugueses tinha mão única. Junqueiro havia publicado o poema "A fome no Ceará", cujos dois últimos versos são: *"Morrer de fome alguém, pedindo esmola/ Na mesma língua em que a pediu Camões!"*. Escrito por ocasião da seca de 1877 – a mesma que Rachel de Queiroz evocaria em *Mandacaru* –, o poema seria incluído na primeira edição de seu *A musa em férias*, de 1879. Contrariamente ao que se tem divulgado, não existe prefácio de Olavo Bilac à edição de 1906, ou a qualquer outra desse livro do poeta português. Tampouco consta de "A fome no Ceará" a frase atribuída a d. Pedro II por ocasião da seca de 1877: "Venda-se a última pedra da Coroa, contanto que não morra de fome nenhum cearense". Lê-se apenas, na quinta estrofe do segundo segmento os seguintes versos: *"E das imensas lágrimas choradas/ Muitíssimas então foram guardadas/ Entre as joias da c'roa."*

MODERNISTAS *MA NON TROPPO*

Durante a Semana de Arte Moderna de 1922, quando os modernistas mais ferozes repudiavam rimas e métricas, queriam botar o soneto abaixo e vociferavam contra o academismo, Rachel de Queiroz vivia intramuros, recebendo educação formal dada pelas religiosas seguidoras de Louise de Marillac no Imaculada Conceição. Nem mesmo pôde sentir o impacto de *Coroa de rosas e de espinhos*, de 1922, livro póstumo do poeta cearense

---

20. NOBRE, António. *Só*. 2. ed. Lisboa: Guillard Aillaud, 1898, p. 134.

Mário da Silveira, assassinado no ano anterior, aos 21 anos de idade, e considerado o precursor do Modernismo no Ceará.

Embora ainda haja muito de Simbolismo na poesia de Mário da Silveira, como, aliás, era comum naquele primeiro ano da década de 1920, o poeta, na análise feita por Sânzio de Azevedo, "já começava a libertar-se não somente do metro regular, mas mesmo do poema polimétrico".[21] Ele representa a forma ainda incipiente com que a libertação modernista se aproximava do Ceará.

Quanto a Rachel de Queiroz, dirá ela a Hermes Nery:

> Eu tinha 11 anos quando aconteceu a Semana de Arte Moderna, em São Paulo. Mas aos 14, 15 anos, ainda havia as repercussões desse acontecimento que deu uma arejada em nosso pacato meio cultural. Foi por aí que comecei a me interessar mais diretamente por literatura.[22]

O "por aí" foi, portanto, por volta de 1925, quando a professorinha recém-formada voltou ao Junco. Sob a arquitetura franciscana da fazenda dos Queiroz, que nada tinha do estilo palaciano dos Nabuco ou dos Prado, vivia a família rural e intelectualmente refinada de Daniel de Queiroz. "A influência literária, devo à minha mãe", declarou Rachel ainda a Hermes Nery, acrescentando que d. Clotilde assinava revistas brasileiras e estivera "inteiramente em dia" com o movimento modernista.[23]

---

21. AZEVEDO, Sânzio de. *Aspectos da literatura cearense*. Fortaleza: Edições UFC/Academia Cearense de Letras, 1982, p. 196.

22. NERY, Hermes Rodrigues. *Op. cit.*, p. 65.

23. *Ibidem*, p. 41.

Mesmo assim, em que momento – vale perguntar – terão chegado a Rachel de Queiroz os livros de Manuel Bandeira, o ser "cristalino, adamantino, capaz de arestas cortantes como o próprio cristal" que ela descreve num dos mais comoventes perfis do poeta de Pasárgada? Em que momento terá ela lido, ou ouvido, o poema "Os sapos", pedra de escândalo da Semana de Arte Moderna, vaiadíssimo, para delícia do autor, que "riu gostosamente" quando soube do alarido? *Num xi xabe* – certamente diria Mário de Andrade.

De modo geral, antes de o Modernismo chegar a Fortaleza, o que só ocorreria no final da década de 1920, houve, na terra de Alencar, assim como até 1923, no Sudeste, um modo de fazer poesia que ficaria conhecido como Penumbrismo. Interpôs-se entre o Simbolismo e o Modernismo e serviu como "um certo amaciamento de terreno" – avalia Antonio Candido – para receber as inovações modernistas.

Um dos penumbristas mais prestigiados foi o santista Rui Ribeiro Couto, que, com os poemas de *O jardim das confidências*, de 1921, já apresentava temas simples do cotidiano por meio de certa melancolia expressa em exclamações e de, como definiria ele mesmo, "uma certa atitude reticente, vaga, imprecisa, nevoenta, no jeito de escrever versos". Para Ribeiro Couto, o Penumbrismo não foi mais que um "passageiro contágio". Dessa maneira, ele teria "contagiado" os poetas cearenses. O que intriga é a forma pela qual se propagou o "contágio", numa época em que a repercussão de *Carnaval*, de Manuel Bandeira, em 1919, ou de *Pauliceia desvairada*, de Mário de Andrade, em 1922, não teve no Ceará a mesma acolhida nem se deu com a mesma velocidade com que o Penumbrismo chegou lá.

A explicação pode estar no depoimento do escritor cearense Mário Linhares, que Sânzio de Azevedo considera, com razão, "valioso". Afirma

Linhares em *Poetas esquecidos*: "Conheci Mário da Silveira em 1919, quando regressava ele de um passeio ao Rio de Janeiro, onde se unira a Ronald de Carvalho, Raul de Leoni e outros, na campanha pelo renovamento das letras brasileiras".[24]

Que esse fato explica a influência do poeta fluminense Raul de Leoni na poesia de Mário da Silveira, não parece haver dúvida – é o que pensa também Sânzio de Azevedo. O que se cogita aqui é de ter sido o mesmo Silveira, envolvido aos 19 anos "na campanha pelo renovamento das letras brasileiras", no Rio de Janeiro, o "transmissor" do Penumbrismo no Ceará. Afinal, o escritor cearense Otacílio de Azevedo, em seu delicioso *Fortaleza descalça*, dá notícias do poeta cearense recitando versos de Leoni no Café Riche, na Fortaleza de 1921, ano da publicação de *Luz mediterrânea*, de Leoni, como também de *O jardim das confidências*, de Couto.

E depois, quem seriam os "outros" do grupo que Mário da Silveira encontrou no Rio? Ora, segundo Manuel Bandeira em carta de 19 de maio de 1924 a Mário de Andrade, "quem agitou o meio carioca e nele lançou as ideias modernas foi o Ribeiro Couto. [...] Foi o Ribeiro Couto que com aquela vivacidade sedutora captou o Ronald. O Couto vivia falando em Oswald, em Anita, em Brecheret."[25] Dono de lendária irradiação pessoal, é difícil imaginar que Ribeiro Couto não tenha feito parte desses "outros" a que se refere Mário Linhares em seu depoimento, sobretudo porque Couto tinha em Ronald não só o companheiro de Penumbrismo como o amigo da boêmia pelos bares do Centro do Rio.

---

24. *Apud* AZEVEDO, Sânzio de. *Op. cit.*, p. 193.

25. ANDRADE, Mário de e BANDEIRA, Manuel. *Correspondência Mário de Andrade & Manuel Bandeira*. Organização de Marcos Antonio de Moraes. São Paulo: Edusp/IEB, 2000, p. 124.

Curiosamente, foi a suavidade crepuscular do Penumbrismo que desceu sobre aquela cidade solar do Nordeste. Se Rodrigo Octavio Filho, em seu *Simbolismo e Penumbrismo*,[26] estranhava a fatura penumbrista de poetas do Rio de Janeiro como Mário Pederneiras e Ronald de Carvalho, ou de Ribeiro Couto, o maior deles, santista, como já se disse, mas morador do Rio, todos eles "esquecidos de que viviam numa terra de sol e céu azul", o que diria da adesão dos cearenses, habitantes da "terra das claridades encandeantes", na expressão de Edigar de Alencar?

Nada mais postiço no Ceará do que o Penumbrismo, do qual Rachel de Queiroz não escapou. Nem ela deixou de opor à sua "prosa forte" os suspiros, soluços e as exclamações penumbristas, como no poema "Serenata", publicado em *A Jandaia*, de 21 de abril de 1928: *"Um crescente tardio,/ uma nesga de lua preguiçosa/ no negrume da noite se recorta,/ E ouço, à minha porta,/ nostálgica, dolente, harmoniosa,/ a voz boêmia de um cantor vadio..."*

Não apenas a surdina penumbrista, mas uma temática de natureza evocativa seduziu os poetas "contagiados". Assim, a figura da avó, de modo geral impregnada de ternura, é homenageada no belo "Cartas de meu avô", de Manuel Bandeira, que também teve sua fase penumbrista, ou em "A velhinha de cabelos de algodão", de Ribeiro Couto, para citar os dois amigos modernistas, revolucionários suaves e fundamentais.

Rachel de Queiroz aderiu ao tema. Escreveu "Versos à avozinha", poema de oito estrofes de quatro versos, publicado em *A Jandaia*, de 5 de maio de 1928, com a indicação "passadista" logo abaixo do título: *"Contam um*

---

26. OCTAVIO FILHO, Rodrigo. *Simbolismo e Penumbrismo*. Rio de Janeiro: Livraria São José, 1970.

romance de amor, tristonho,/ Uma linda história, doce e dorida/ De um noivo morto... ao fim de um sonho,/ De um luto negro por toda a vida..."

Em "A costureira", publicado em *A Jandaia*, de 21 de janeiro de 1928, Rachel homenageia uma das personagens populares que passaram a fazer parte da poesia modernista cearense: *"Inda me passa à calçada/ De preto, tão magra e feia!/ É costureira, coitada,/ Trabalha na casa alheia."*

Ao lado da influência do Penumbrismo, houve, em Fortaleza, um estímulo modernista ao vivo: a conferência que Guilherme de Almeida fez no Teatro José de Alencar, sob o título de "A Revelação do Brasil pela Poesia Moderna", em 1925, ano em que lançou os poemas de *Raça*. Viajava pelo Brasil fazendo uma avaliação do movimento que ajudara a construir. Assim como Mário de Andrade, não queria o exotismo do Brasil e para o Brasil. Considerava "esmorecida a atroada" de 1922; insistia no ritmo da poesia, enfatizava, na conferência, que o "pensamento moderno despiu a beleza de uma porção de lantejoulas inúteis – convenções, preconceitos";[27] e combatia o regionalismo literário.

Dois anos depois da conferência de Guilherme de Almeida, seria publicado, em Fortaleza, o livro de poemas *O canto novo da raça*, de 1927, que mereceu estudo detalhado de Sânzio de Azevedo. Reúne apenas quatro autores: Jáder de Carvalho, Sidney Neto, Franklin Nascimento e Pereira Júnior, que adotava o pseudônimo de Mozart Firmeza. Ressalta, nos poemas, misto da cotidianidade de sabor modernista e de exaltação simbolista. Não faltaram os pingos d'água com que o Penumbrismo adubava terreno para o Modernismo, apesar de um poeta como Mozart Firmeza, que, no poema "Chove...", cantava *"E na vidraça fina/ a teia d'água surge,*

---

27. Texto da conferência cedido por Marcelo Tápia, diretor da Casa Guilherme de Almeida, em São Paulo.

engrossa/ e cresce de repente...", ter encontrado, para rebatê-lo, Mário de Andrade (do Norte), que se curou do "contágio" e, no poema "Cariri", não só deixou passar a luz dos trópicos, como denunciou as longas estiagens anuais de seu Estado.

Ainda assim, observa-se que, desde suas primeiras manifestações, o Modernismo cearense assumiu feição regionalista. Ao chamamento dos "Irmãos do Sul", que invocavam um nacionalismo integralizador, os poetas responderam com a temática de conteúdo local: o misticismo, a pobreza e, especialmente, a seca, como nos versos de "Emigrante", com que Heitor Marçal evoca esse fenômeno climático de 1877, chamado a Seca Grande: *"foi na seca de 77/ que o cearense partiu/ a mãe da lua que o viu passar/ a roupa rasgada/ e o coração rasgado/ com saudade da terra e da cabocla/ passou a noite inteira/ no alto da sapucaia/ gritando/ Gonçalo foi-foi-foi"*.[28]

Se há, no último verso, ecos do *"– 'Foi' – 'Não foi' – 'Foi'"*, de Bandeira, em "Os sapos", o que não é de todo improvável, o refrão cá é divertido, estrepitoso, enquanto lá, o de Gonçalo, é triste, lamentoso. E, mesmo que não haja qualquer relação entre um e outro, sabe-se que o movimento modernista era alegre e ruidoso. Não lhe cabiam as notas atormentadas do sofrimento expresso em "Rio Jaguaribe", poema de Demócrito Rocha, publicado em 1929, que ficaria conhecido pelo primeiro verso: *"O Rio Jaguaribe é uma artéria aberta"*. Em vez do poema-piada, de feitio modernista, o poema-denúncia-apelo: *"Homens –/ o Ceará está morrendo, está/ esvaindo-se em sangue..."*

---

28. *Apud* AZEVEDO, Sânzio de. *O Modernismo na poesia cearense: primeiros tempos*. Fortaleza: Imprensa Oficial do Ceará, 1995, p. 43.

Os apelos não ecoavam no Sudeste, onde o espírito modernista, animado com reuniões e almoços regados a um "alcolzinho econômico" – garante Mário de Andrade –, cresceu sob o entusiasmo descrito na análise que o autor de *Macunaíma* fez daquele momento: "E vivemos uns oito anos, até perto de 1930, na maior orgia intelectual que a história artística do país registra".[29] O que não quer dizer que deixassem de perseguir os três princípios fundamentais do movimento, na visão ainda de Mário de Andrade: o direito permanente à pesquisa estética; a atualização da inteligência artística brasileira; e a estabilização de uma consciência criadora nacional.[30]

A industrialização paulista não se afinava com o fluxo regionalista da poesia cearense até 1927. Mário da Silva Brito destaca:

> o intelectual deslumbrado com a metrópole cosmopolita não encontra justificativa para a literatura de iaiás e ioiôs, para as letras caipiras. [...] O regionalismo é, enfim, repudiado pelos modernistas porque dava do orbe brasileiro uma ideia que não correspondia à visão de progresso que São Paulo produzia.[31]

O Modernismo de intelectuais paulistas refinados cheirava a café e à riqueza que os grãos injetavam no Estado. O ouro verde impulsionava São Paulo para a proa, enquanto o historiador e industrial Paulo Prado,

---

29. ANDRADE, Mário de. *O movimento modernista*. Rio de Janeiro: Casa do Estudante do Brasil, 1942, p. 34.

30. *Ibidem*, p. 45.

31. BRITO, Mário da Silva. *História do modernismo brasileiro: antecedentes da Semana de Arte Moderna*. 6. ed. Rio de Janeiro: Civilização Brasileira, 1998, pp. 198-199.

abonado pela tradição cafeeira da família, garantia o suporte para que o grupo divulgasse suas ideias. Tudo refletia progresso, bonança. A mais de três mil quilômetros de distância do grão de café paulista, nascia a flor do algodão cearense, e todos os "fordzinhos pernaltas" a que Franklin Nascimento se referia em seu "Em louvor da princesa do verde mar..." não se aproximavam da simbologia do Cadillac verde de Oswald de Andrade, que subia em direção a Santos para os encontros do grupo feérico, com paradas elegantes nas igualmente elegantes fazendas de café paulistas. O Rio de Janeiro e São Paulo representavam, para os cearenses, as "duas metades inacessíveis do paraíso" – dirá Rachel de Queiroz ao avaliar a década de 1920.

Menos distantes estiveram os pernambucanos. Em 1924, entusiasmado com a campanha de "abrasileiramento do Brasil" e com a difusão do ideário modernista que Joaquim Inojosa, futuro autor de *O movimento modernista em Pernambuco*, fazia no Recife, Mário de Andrade lhe escrevia: "O que você está fazendo aí no norte é realmente um trabalho muito bonito e de grande valor".[32]

É que Inojosa publicara, em 1924, uma plaquete de 39 páginas intitulada *A arte moderna*,[33] em que expõe os fundamentos da estética modernista. Trata-se, na verdade, de uma Carta Literária dirigida à redação da revista *Era Nova*, da Paraíba, conclamando os intelectuais a juntar-se aos paulistas na campanha de renovação.

A arte moderna fez enorme sucesso. Do Rio Grande do Norte, o folclorista Câmara Cascudo declarava, em carta ao autor, que o texto fazia "mais

---

32. INOJOSA, Joaquim. *Sursum corda!*. Rio de Janeiro: Gráfica Olímpica Ed., 1981, p. 69.
33. *Idem. A arte moderna*. Recife: Oficina Gráfica Jornal do Commercio, 1924.

barulho que a Confederação do Equador".[34] Em 1824, durante essa revolta em que Pernambuco convocara o Norte e o Nordeste para formar um Estado republicano independente, apenas a Paraíba e o sul do Ceará responderam. O fracasso da rebelião custaria a vida do cearense Tristão Gonçalves, personagem de *Mandacaru* e figura mítica da historiografia cearense, assim como a desgraça de sua mulher, que ficaria conhecida como Ana Triste.

Diferentemente do que acontecera na história política do Estado, o Ceará se calou ao chamado de Inojosa em *A arte moderna*. É o que se conclui com a leitura do segundo volume de seu *O movimento modernista em Pernambuco*, em que o autor reproduz 400 cartas de manifestações sobre a plaquete, vindas de vários estados. Nenhuma do Ceará. Para não dizer que a recepção de *A arte moderna* foi unânime em Pernambuco e na Paraíba, houve o paraibano Lauro Neiva, que, indignado, sugeriu a Inojosa jogar a plaquete nas águas do Capibaribe. Não chegou sequer a respingar no sucesso do opúsculo!

Se a voz de Inojosa não ecoou em Fortaleza, tampouco ali aportou o *Manifesto regionalista* de 1926, com que Gilberto Freyre pretendera convocar o Nordeste para a renovação literária e que, prova o autor de *A arte moderna*, é, na verdade, de 1952. Desse modo, menos um instrumento para que houvesse, naquela região do Brasil, a unidade que se firmou no Sudeste, quando São Paulo, Rio de Janeiro e Minas Gerais se aproximaram por meio de revistas como a *Estética*, do Rio, *Klaxon*, de São Paulo, ou *A Revista*, de Minas. Isso para citar algumas entre as várias em que modernistas de vertentes e Estados diversos se alternaram com suas produções literárias.

---

34. *Apud* INOJOSA, Joaquim. *A arte moderna: 60 anos de um manifesto modernista*. Rio de Janeiro: Cátedra, 1984, p. 45.

Ao contrário da dúvida que pairou sobre a forma de "contágio" penumbrista no Ceará, com relação ao Modernismo a situação é clara: o interlocutor dos cearenses no Sudeste foi o poeta Raul Bopp, autor de *Cobra Norato*, companheiro de Oswald de Andrade no movimento antropofágico, assim como de Plínio Salgado, Cassiano Ricardo e outros nas dissidências de que se constituiriam o Verde-amarelismo e o Grupo da Anta. Sendo Bopp influente na revista *Novíssima*, que circulou, com interrupções, de dezembro de 1923 a junho/julho de 1926, e em cujas páginas essas duas vertentes de nacionalismo exacerbado já se desenhavam, é difícil imaginar que o periódico não tenha chegado ao Ceará. E, ainda que essa hipótese não se confirme, a presença de Bopp em *Maracajá* não deixa dúvida quanto à sua ligação com os modernistas cearenses.

MARACAJÁ: SUPLEMENTO LITERÁRIO

Rachel de Queiroz não precisou invocar seus pares através do Atlântico, como tinham feito os integrantes da Padaria Espiritual no final do século XIX. O momento era outro; ouvia-se o clamor de Mário de Andrade: "É preciso começar uma campanha de abrasileiramento do Brasil".

A jornalista, então, uniu-se a um grupo mais modesto que o dos padeiros, mas não menos irreverente, criador do suplemento literário *Maracajá*, a "Folha Modernista do Ceará", conforme se lê no encarte de magras quatro páginas do jornal *O Povo*. *Maracajá*, portanto, não era autônoma, e dela circularam apenas dois números: o primeiro, em 7 de abril de 1929; o segundo, em 26 de maio do mesmo ano. A escolha do nome do felino para batizar o suplemento indicava sua postura: devia ser feroz, combativo.

Além de Rachel de Queiroz, o grupo que publicava em *Maracajá*, sob a direção de Antônio Garrido e Paulo Sarasate, era basicamente o mesmo que integrara a antologia *O canto novo da raça*, de 1927. E, pelo que se lê no suplemento, os rapazes já estavam bem menos circunspectos do que nos versos.

Tão ousada quanto os colegas, Rachel de Queiroz publicou, na página 10 da edição de 7 de abril, o artigo "Se eu fosse escrever o meu manifesto artístico", em que começa por questionar: "Mas afinal, o que é que exprime 'universalizar a nossa arte?' Transformá-la numa colcha de retalhos cosmopolita ou lhe dar um perfil caracteristicamente brasileiro que a faça distinguir-se em meio do concerto artístico universal?"

A pergunta evoca a teoria do "nacionalismo universalista", que Mário de Andrade pregava desde 1924 e que seria retomada, com visões fragmentadas, pelas diferentes vertentes do movimento na segunda metade daquela década. Acreditava Mário que podíamos formar um "acorde" para ser integrado à harmonia da civilização e, convencido disso, refletiu sobre o assunto com amigos, na sua abundante epistolografia. A Drummond, escreveu em 1924:

> O dia em que nós formos inteiramente brasileiros e só brasileiros a humanidade estará rica de mais uma raça, rica duma nova combinação de qualidades humanas. [...] Nós só seremos civilizados em relação às civilizações o dia em que criarmos o ideal, a orientação brasileira. Então passaremos da fase do mimetismo, prá fase da criação. E então seremos universais, porque nacionais.[35]

Como essa ideia repercutiria em Rachel de Queiroz? Veja-se o que ela escreve no seu manifesto de 1929:

---

35. ANDRADE, Carlos Drummond de. *A lição do amigo: cartas de Mário de Andrade a Carlos Drummond de Andrade*. Rio de Janeiro: Livraria José Olympio Editora, 1982, pp. 15-16.

A interpretação de sentimentos estranhos, de belezas estranhas, feita por informação ou intuição é forçosamente convencional, falsa ou impessoal. Eis por que sou nacionalista, eis por que dentro do meu nacionalismo inda me estreito mais ao círculo de meu regionalismo. É que sinto que quanto mais próxima e familiar a paisagem, quanto mais íntimo o motivo de inspiração, quanto mais integrado o artista com o modelo, mais fiel, mais espontânea e sincera será sua interpretação.

Se as palavras de Rachel de Queiroz não têm mais a força revolucionária galvanizadora – afinal já corria o ano de 1929 –, confirmam a vertente regionalista que ela partilhava com os colegas de *O Povo*. Coerente, quando Haroldo Bruno lhe pergunta, anos depois, em entrevista, se houve conflito entre regionalismo nordestino e Modernismo, ela afirma:

Falando com sinceridade, se houve essa querela, não fui envolvida nela. Também propriamente nunca fui regionalista ortodoxa; se minha literatura se fixava aqui, onde nasci e sempre vivi, era porque não a poderia situar num espaço imaginário e sim no meu espaço natural. [...] Também se não fui regionalista ortodoxa, nunca fui modernista de vanguarda; quando apareci, a ebulição já serenara e, da luta dos modernistas, nós – os meus contemporâneos e eu – aproveitamos as conquistas, sem que carecêssemos mais entrar em brigas.[36]

Em brigas, não, mas deve-se reconhecer que o ímpeto da antropofagia caiu bem no gosto dos cearenses de *Maracajá*, cujo segundo número abre com dois artigos absolutamente antropofágicos. O primeiro deles,

---

36. BRUNO, Haroldo. *Op. cit.*, pp. 119-120.

MARACAJÁ

FOLHA MODERNISTA DO CEARÁ

ESTE E' O SEGUNDO NÚMERO E CIRCULOU NO DIA 26 DE MAIO DE 1929

FORTALEZA

REDACÇÃO: ANTONIO GARRIDO, PAULO SARASATE E MARIO DE ANDRADE

A matança dos innocentes

NÓS precisamos sitiar o Brasil. Sitiar. E trancar as fronteiras. Invocar o espirito de Herodes e fazer a matança dos innocentes. O Brasil é a terra dos innocentes.

Se tal povo está destinado a servir de pasto a todas as pragas estrangeiras—não será melhor morrer logo, administrativamente? Do que morrer por força de concessões, como aquella do Ford?

Todos os organismos reagem quando lhes entram o antigeno. O Brasil, não. Bate palmas. Goza. Elogia. Não tem febre.

Por que? Por causa dos innocentes. Logo: chá da meia noite! Matar os innocentes e resuscitar todos os desconfiados que morreram de velhos.

Poderemos evitar que os brasileiros se criem innocentes? E' claro. O geito é fazer brasileirismo intuitivo. Como esse que nós e os sulistas estamos fazendo.

Vocês não estão vendo? Qualquer grito nosso ajunta povo e povo fixe-fixe.

E' uma especie de mobilização para salvar a terra da gente.

Ha, porem, uma differença entre nós e os do sul. Influencia do clima. Elles mettem excessiva erudição no que fazem. Ebancam sisudez. Nós somos alegres por índole. Em São Paulo, os rapazes para fazer a sua antropofagia precisam dar o laço á gravata. Comprehende-se: «Diario de São Paulo», «O Jornal»... Aqui, não. Nós rimos de tudo. MARACAJA' espirra de uma furna saturada de jovialidade. E os brasileiros gostam disso. Gostam de tudo quanto apparece risonho e cantante. Gostam do canto da jandaia (o canto da jandaia nunca foi triste! historias de Alencar!)

A nova orientação tem isso de bom: agita. E' por força desse trabalho que nós haveremos de infiltrar no cerebro do nosso povo o amor á terra dos papagaios—terra que os innocentes desejam entregar aos estrangeiros.

Matemos os innocentes!

ANTONIO GARRIDO

Tocando na mesma inubia

Vocês, da «Antropofagia», não adivinham como a gente está satisfeita. E' assim mesmo que nós queremos. E é assim que a coisa tem de sahir. O sul chamando o norte. E o norte chamando o sul. Convidando-o para a luta. Assanhando as energias moças do lado de cá e de lá.

Movimento assim é que é. Esforços conjugados. União das duas bandas. Com o oeste tambem. Tudo gritando brasilidade. Tocando na mesma inubia. Comendo na mesma cuia. Brasileiramente. Antropofagicamente.

Vão tratando de comer os italianos dahi que a gente aqui garante a zona. E outra coisa eu posso lhes garantir: não passará camarão pela malha. O landuá está bem trançado e ha-de pegar tudo. Com tripas, etc.

Guerra, pois, á adaptação das estranjas. Peia na literatura importada. Cheirando a marisia. E fique somente o elemento nacional. Expontaneo. Claro como as manhãs tropicaes. Atrevido como o gato das selvas. Bravio como o maracajá da pelle pintada.

Só então teremos literatura nacional. Literatura lavada nos grotões. Enxugada ao sól brasileiro. Sem mancha de estrangeirismo. Limpa. Alva. Escorrida. Pura. Bem limpinha.

Literatura que não é bem literatura. Porque inda está se creando. Mas que triumphará gloriosamente. Desabrochando do atascal com um cheiro de coisa bôa. Como a agua-pé á beira dos pantanos e dentro dos charcos. Doce como o favo da jaty. Brasileira como o Brasil que nós queremos.

PAULO SARASATE

SUPPLEMENTO LITERARIO DO «O POVO»

Primeira página do número 2 de *Maracajá*, de 26 de maio de 1929. Com esse suplemento literário de *O Povo*, os cearenses se integraram às dissidências do Modernismo no final da década de 1920.

Arquivo Plínio Doyle/Fundação Casa de Rui Barbosa

ferocíssimo, é de Antônio Garrido e se intitula "A matança dos inocentes". O autor não deixa por menos: pretendia "sitiar o Brasil. Sitiar. E trancar as fronteiras." Seu arrebatamento chegava ao extremo: propunha a morte dos inocentes, representados por aqueles que "serviam de pasto a todas as pragas estrangeiras".

Abaixo do artigo de Garrido, e não sem menor furor antropofágico, lê-se "Tocando na mesma inúbia", de Paulo Sarasate. A inúbia, tipo de trombeta de guerra dos índios tupis-guaranis, encaixava-se com perfeição no tom belicoso do suplemento e do texto, revelador da contradição entre Antropofagia e Verde-amarelismo, como atestam as palavras de Sarasate:

> Movimento assim é que é. Esforços conjugados. União das duas bandas. Com o oeste também. Tudo gritando brasilidade. Tocando na mesma inúbia. Comendo na mesma cuia. Brasileiramente. Antropofagicamente. [...] Guerra, pois, à adaptação das estranjas. Peia na literatura importada. Cheirando a maresia. E fique somente o elemento nacional. Espontâneo. Claro com[o] as manhãs tropicais. Atrevido como o galo das selvas. Bravio como o maracajá da pele pintada.

Ora, "guerra, pois, à adaptação das estranjas" não traduzia mais a ideologia antropofágica, que pregava a "deglutição" da cultura estrangeira para que daí se forjasse a brasileira, e sim a ideologia do grupo Verde-amarelo, depois "da Anta", que, no empenho de descobrir as bases de uma cultura exclusivamente brasileira, reivindicava o estudo "da contribuição índia em nossa formação" – sintetiza Bandeira na *Apresentação da poesia brasileira*. Era composto, entre outros, por Menotti Del Picchia, Plínio Salgado, Cassiano Ricardo e Raul Bopp, o interlocutor do grupo cearense. Queriam descobrir o "Brasil no Brasil mesmo", o que representava, nas palavras de Mário de Andrade, o "mau nacionalismo: o Brasil pros brasileiros – ou regionalismo exótico".[37]

No primeiro momento, pode-se pensar que os cearenses se atordoaram com relação às diversas correntes em que se dividiu o Modernismo a partir de 1925, ou que estavam desinformados a respeito das distinções entre cada uma. Mas não. As divisões geraram na vanguarda do Ceará tal confluência de ideias que, a certa altura, se tornou difícil distinguir Antropofagia de Verde-amarelismo e Grupo da Anta. E é Rachel de Queiroz, no prefácio de *Mandacaru*, quem confirma essa hipótese, ao se dirigir aos Novos do Sul:

> Talvez porque lhes aplaudo o programa, porque acredito no messianismo do movimento que vocês impulsionam, porque comungo na mesma ambição, tenho me podido orientar nesse *tumultuar de primórdios, nessa confusão de seitas artísticas*.[38]

Quem melhor explicaria a *confusão de seitas artísticas* a que se refere Rachel é o professor e ensaísta Eduardo Jardim, por meio de uma análise tão lúcida quanto agregadora. Mais que diferenças, Jardim identifica as semelhanças entre os teóricos do Modernismo. Antes de cisão, ou, apesar das cisões, a problemática, em suas linhas mestras, era uma só, conclui ele:

> Podemos então afirmar que a obra de Graça Aranha dá forma a todo o segundo momento modernista em sua generalidade. Só podemos alcançar a dimensão do universal passando pelo singular. E o singular

---

37. ANDRADE, Carlos Drummond de. *Op. cit.*, p. 14.
38. O grifo é meu.

é o nacional. Oswald de Andrade, Mário, o grupo de *Terra Roxa e Outras Terras*. Drummond e o grupo mineiro, Inojosa em Recife, Plínio e seus companheiros de Verde-amarelismo, todos fazem eco à mesma afirmação. Todos participam da mesma problemática definida pela primeira vez em *A estética da vida*.[39]

Desse modo, no número 2 de *Maracajá*, que transita entre a Antropofagia, o Verde-amarelismo e o Grupo da Anta, Rachel de Queiroz assina o poema "Iniciação", tão claramente verde-amarelista, que abre da seguinte maneira: *"Olha o menino verde e amarelo,/ que marcha sem medo de nada!/ Sua cabeça é enfeitada com as penas do urubu-rei!/ O Amazonas a rodeia como um canitar*[40] *luzente."*

Não menos verde-amarelos eram os anúncios em *Maracajá*, como os de rede, que exortavam os habitantes do sul – e por esses entendia-se basicamente os de São Paulo – a abandonar as camas para valorizar as nossas origens indígenas: "Olhem vocês do sul: vocês devem dormir em rede como nós dormimos. Os tupiniquins nunca viram camas. Digam aos importadores daí que peçam dez mil redes à Usina Gurgel (Siqueira & Gurgel Ltda.) – Fortaleza."

Quarenta anos depois, em 1968, no prefácio que escreveu para *O Rio Jaguaribe é uma artéria aberta*, livro de Paulo Sarasate sobre a vida e a obra de Demócrito Rocha, Rachel de Queiroz resume os ideais daquela época já longínqua:

---

39. MORAES, Eduardo Jardim de. *A brasilidade modernista: sua dimensão filosófica*. Rio de Janeiro: Edições Graal, 1978, p. 122.

40. Adorno de penas para a cabeça usado em cerimônias pelos indígenas.

MARACAJÁ

Carta pro Raul Bopp

Meu caro Raul Bopp:
Você me escreveu sobre «Maracajá». Escreveu-me e pediu-me cousas do norte. Ora, você sabe, que, para o sul, o norte é, pelo menos em literatura:

«Menino amarello,
comedor de broa,»
por isso eu gostei de sua carta
E do seu pedido.
«Eh patipati.
Óh patipatão
(eu não sou daqui)
sou lá do fundão
sou de bôa bocca
como o que me dão».

Aliás todos os antropofagos do Ceará são de bôa bôcca. E nisso já levamos vantagem ao nosso avô de kanitar vermelho e cocar verde e amarello. Eu creio que o indio não devorou o portuguez com nojo.

No Ceará, a renovação vae ser um buraco. Não contamos com o auxilio de:
São Francisco, veio «croado da matriz de Canindé»
nem do
«Meu padim padre Cicero da méca do Ceará».

O cacete vae ser rijo.
Precisamos tornar o samba brasileiro. Nada de sanfona que è musica balofa de vento estrangeiro, importado da silva.
Vióla tambem não serve.
O encordoamento é estrangeiro.

Por mais que a madeira se estorce para dar tons de brasilidade a cousa não sae certa. E' urgente a quebra da viola.
Quebrar de véra.
Musica brasileira com berimbau. Mas berimbau brasileiro. Berimbau feito de bambu. Com uma quenga de coco na ponta. E corda brasileira. Tripa de gato do mato espichada no sól. Acabar com o môto portuguez que esta sujando os cantos da terra. Tudo brasileiro.

«Pulo signal
da Santa Cruz
livre-nos Deus.
Santa Maria
tem um livro muito grande
os outros santos
têm um livro mais menó
xepo xepo
lengo—lengo
São Joaquim da Urumetamba
São Francisco do caritó»

O indio cearense foi valente. Comeu o Padre Pinto. Mas não soube dar conta do recado. Se soubesse tinha devorado tambem o padre Luiz Figueira.
O indianismo de Alencar foi ficticio. E todo o mundo acreditou.
Como se fosse possivel arranjar um romance de amôr entre uma gazela e uma onça sussuarans. O que eu queria vêr era Iracema «passando» o guerreiro branco no moquém. E o velho Araken com a barriga cheia e a cara besuntada de gordura de Martim Soares Moreno.
Então sim. Era de se dar um viva ao kanitar de Iracema.
O verso no Brasil deve ser nú. Nú como o indio era.
Sem pontos.
Sem virgulas.
Sem nada.
Mais adiante arranjam-se signaes convencionaes.
Tirados de motivos da ceramica primitiva.

HEITOR MARÇAL

ANNUNCIO

Arcos, flexas, tacapes, tangapemas (arma que matou o bispo Sardinha), machados de pedra, igaçabas, comocis, (para enterrar os defuntos que morrem antes de ser comidos) cocares (cloche uma arara!) tangas — encontram-se no Museu Rocha (do professor Dias da Rocha) nesta capital.

ANNUNCIO

Olhem vocês do sul: vocês devem dormir em rêde como nós dormimos. Os tupiniquins nunca viram camas. Digam aos importadores dahi que peçam dez mil rêdes á Usina Gurgel (Siqueira & Gurgel Ltd) Fortaleza.

FESTA DE RYTHMOS

—Canta o rythmo sonoro da corrente
feita de neve, de crystal, de prata!
—vibra o rythmo largo
das fanfarras guerreiras que clarinam
á frente dos heroes que voltam do triumpho!
—rumoreja o rythmo phantastico
da cantiga rebelde das cachoeiras!
—freme o rythmo excentrico
do «jazz-band» dos passaros na matta!
—e o rythmo profundo
da oração resignada das florestas...
—e o rythmo suave
da canção estylisada do teu passo,
—e o rythmo voluptuoso
do «baião» das caboclas da minha terra
e do «charleston» febril das meninas modernas...
— tudo! —
—é a festa musical dos rythmos!
cantando,
vibrando,
e fremindo
no tumulto bravito das minhas estrophes,
na musica moderna do meu Verso!

Filgueiras Lima

ANNUNCIO

Olhem vocês do sul: o Ceará exporta couros de bovinos, caprideos e lanigeros. E tambem de cobras e lagartos. E algodão. Se vocês quizerem partidas desses productos, dirijam-se á EXPORTADORA CEARENSE LTD, uma das melhores firmas exportadoras do Ceará.

a garganta do «anjo»

angelo sempre viajava de filadelfia para a ponta dos trilhos.
filadelfia é teofilotoni.
um dia angelo atirou numa india e feriu-a na perna.
os indios botaram emboscada no caminho.
e mataram o angelo crivando-o de sétas.
e arrancaram-lhe a garganta e a deixaram espetada na ponta de uma vara.
os tropeiros encontraram-na.
e o logar ficou chamado «garganta do anjo».
parece que hoje é biasfortes.

Interlocutor do grupo cearense no Sudeste, o poeta Raul Bopp está presente nos dois números de *Maracajá*. A "Carta pro Raul Bopp" foi publicada no número 2, de 26 de maio de 1929.

Arquivo Plínio Doyle/Fundação Casa de Rui Barbosa

Destinava-se *Maracajá* a pregar o Modernismo pelas terras nordestinas, e nele todos nós desferimos voo, convencidos de que fazer Modernismo era escrever regionalismo, com grande gasto de índios, antas, cocares e mais brasilidades, em frases de três palavras. Sei que tivemos a glória insigne de nos ver lidos e comentados por alguns dos grandes do Rio e São Paulo – para nós, então, as duas metades inacessíveis do Paraíso.[41]

Um dos lidos nas "metades inacessíveis do Paraíso" foi Heitor Marçal, cujo poema "O índio Ciará" seria reproduzido no número 6 da segunda fase da *Revista de Antropofagia*, de 24 de abril de 1929, então publicada no *Diário de São Paulo* e idealizada por Oswald de Andrade e Raul Bopp. O poema, que apresenta curiosa mistura de elementos da cultura indígena com a mineira, ganhou companhia ilustre: figura ao lado do desenho do *Abaporu*, estudo de Tarsila do Amaral que precedeu o célebre óleo, de 1928. Esse número da *Revista de Antropofagia* exibiu ainda o texto "Turf", publicado anteriormente no primeiro número de *Maracajá*.

Àquela altura, o intercâmbio entre Fortaleza e o Sudeste já fluía tão naturalmente que Demócrito Rocha escreveu, em junho de 1929, uma crônica elegíaca sobre a morte do poeta mineiro Ascânio Lopes. Em contrapartida, a *Revista de Antropofagia* reproduziria mais dois textos do segundo número de *Maracajá*: "A matança dos inocentes", já mencionado aqui, sairia em 17 de julho de 1929 na revista paulista, que, logo depois, em 1º de agosto, publicaria "Filosofia de antropófago".

Se os filhos de Iracema ganhavam as folhas paulistas graças a Bopp, ele era prestigiado nas páginas de *Maracajá*, cujo primeiro número exibe um

---

41. SARASATE, Paulo. *Op. cit.*, p. 18.

"Recado para Raul Bopp", com apreciações sobre as diferenças de ritmo das locomotivas do norte e do sul: ao compasso do *"café com pão/ bolacha não"* das do norte, se opunha o *"já te pego, já te pego"* das do sul, de onde vinha o gaúcho Bopp.

Não surpreende a lealdade de Heitor Marçal na "Carta pro Raul Bopp", publicada no segundo número de *Maracajá*:

> Precisamos tornar o samba brasileiro. Nada de sanfona que é música balofa de vento estrangeiro, importado da silva. Viola também não serve. O encordoamento é estrangeiro. Por mais que a madeira se esforce para dar tons de brasilidade a coisa não sai certa. É urgente a quebra da viola.

Como se vê, absoluta fidelidade à tese verde-amarela, que Bopp compartilhava com Plínio Salgado, e que desaguaria no Integralismo.

Rachel de Queiroz não ficou imune a mais essa vertente modernista e no artigo "Pela vulgarização do sonho abanheenga",[42] na coluna *"Jazz-band"*, se entusiasmou:

> Há, naturalmente, uma corrente artístico-literária sadia e rejuvenescedora que procura despertar na alma do brasileiro atual o aborígine, morto ou adormecido. [...] Criaram o símbolo da Anta, resumido no grito de *Chê-tapia*.[43] [...] Foi para mim uma agradabilíssima surpresa essa que me proporcionaram os paladinos da Anta.

---

42. No título do artigo, lê-se abenhaeenga. No corpo do texto, a palavra está escrita corretamente: abanheenga, que significa a língua falada pelos tupis-guaranis: "Língua boa de homem". FREITAS, Afonso A. de. *Vocabulário nheengatu*. 2. ed. São Paulo: Companhia Editora Nacional, 1976, p. 30.

43. *Che tapya* é como Maria Lúcia Guelfi grafa a expressão, cuja tradução, segunda a autora,

Não fosse a *confusão de seitas artísticas*, a publicação do poema de Rachel intitulado "Chê-tapia", de 1928, reproduzido na revista *Amazônida*, de Manaus, em janeiro de 1929, representaria sua adesão ao Grupo da Anta. Nesse poema, ela observou tão ferozmente a doutrina da escola que nem mesmo os mestres do Renascimento italiano escaparam ao implacável compromisso de brasilidade da poeta. À arte celestial de Rafael e Michelangelo, se impõem as "pirogas leves" da pintura brasileira; à beatitude das madonas da pintura italiana, a "carnação sadia da cabocla" e "o perfil azul das montanhas ubérrimas, sem as clássicas neves". Exotismo do Brasil e para o Brasil. Para o grupo de *Maracajá*, o que importava era participar da revolução modernista. Valiam todos os credos, e foi Rachel quem detectou a mistura de correntes diversas.

Por essa mesma época, o jornal *O Povo* promoveu uma enquete entre escritores sobre a nova estética. Rachel de Queiroz foi a 14ª a responder, em 21 de junho de 1929, engrossando o caldo a favor do Modernismo e revelando-se mais madura em relação às mudanças. Impressiona a clareza com que ela examina aquele momento.

> Decerto, não considero a poesia nova como uma forma definitiva de beleza. Ela cumpre, honestamente, o seu dever de embrião, meio informe, ainda sem linhas determinadas, tentando atingir com esforço os últimos estágios de desenvolvimento. Mas já existe nela, singularmente desenvolvida, a harmonia da simplicidade, o sóbrio abandono de arrebiques, que é, para mim, o supremo ideal do Belo.

é "Eu sou a anta". (*Novíssima: estética e ideologia na década de vinte*. São Paulo: USP/IEB, 1987, p. 174.)

Vê-se que ela estava em sintonia com Mário de Andrade. Talvez não com o Mário daquele momento, mas com o da conferência de 1942, quando, ao avaliar o movimento, declarou:

> Já um autor escreveu, como conclusão condenatória, que "a estética do Modernismo ficou indefinível"... Pois essa é a milhor razão-de-ser do Modernismo! Ele não era uma estética, nem na Europa nem aqui. Era um estado de espírito revoltado e revolucionário que, si a nós nos atualizou, sistematizando como constância da Inteligência nacional o direito antiacadêmico da pesquisa estética e preparou o estado revolucionário das outras manifestações sociais do país, também fez isto mesmo no resto do mundo, profetizando estas guerras de que uma civilização nova nascerá.[44]

Os dois meses que se passaram entre o artigo "Pela vulgarização do sonho abanheenga" e a enquete de *O Povo* certamente deram tempo a Rachel de Queiroz para refletir sobre os postulados do Grupo da Anta. É o que se vê na continuidade de suas respostas à enquete:

> Seria lamentável se todos os artistas do país, fechando os olhos aos outros aspectos da vida nacional, se volvessem unicamente para o indianismo; não devemos cuidar só no passado. Creio, entretanto, que no índio é que repousam a força e a beleza da raça; que na gente abanheenga temos o tronco étnico que mais nos honra; e que se o indianismo não é o único caminho a trilhar, é uma bela vereda rica de paisagens inéditas.

---

44. ANDRADE, Mário de. *Op. cit.*, p. 69.

"Chê-Tapia"

A Jader de Carvalho.

Patria amorosa e quente tu renasces!
— tu és Tamandaré!

Tamandaré que boia sobre a enchente
nos braços verdes do coqueiro amigo
ah! já passou o tempo máo de lucta
com a angustia, com a afflicção, com o terror do perigo...

Eis que se finda nossa Idade Media
— a dolorosa gestação
— sombria e tetrica —
que extenuou a velha Europa...

Nosso periodo de estagio passou
rapido como uma scentelha electrica...

Recebemos a civilisação
pelo fio magico que o inglez estendeu sob o mar...
e depois devolvemol-a perfeita
na azas do avião glorioso que ensinou o mundo a voar...

Nossos paineis,
nossas estatuas,
erguemol-os mais bellos que Raphael ou Miguel Angelo...
Em nossas telas se debuxam
as pirógas leves
voando sobre as aguas do Rio Mar...
a carnação sadia da cabocla,
o perfil azul das montanhas uberrimas, sem as classicas neves...

— No guayaná moderno
que á margem do Anhembi ergue a taba gloriosa
envolta na fumarada azul das fabricas,
— no tabajara nomade
que abandonando a praia coruscante
e a jandaia gentil que o festeja e que o ama,
affronta a morte no Surinaan,
— na grande raça
que em soberbas affirmações de pujança e de audacia
refaz o sonho de Tupiretama,
sente-se renascendo
a mesma alma grandiosa e intemerata
do guerreiro tupy que morreu combatendo...

RACHEL DE QUEIROZ.
(RITA DE QUELUZ).

Ceará — 1928.

AMAZONIDA — MANÁOS, JANEIRO DE 1929. NUM. 28

A receptividade dos modernistas cearenses às novas correntes estéticas era entusiasmada. Rachel de Queiroz escreveu "Che-tapia" e não demorou a detectar a "confusão de seitas artísticas".

Álbum de recortes organizado por Clotilde de Queiroz/ Fundo Rachel de Queiroz/Instituto Moreira Salles

OS POEMAS DE *MANDACARU* Mais de uma vez, Rachel de Queiroz mostrou desprezo pela preservação de seus originais ou de inéditos. Não fosse a dedicação da amiga Alba Frota, que inspirou a personagem Maria José do romance *As três Marias*, seria bem minguado o arquivo da escritora, hoje no Instituto Moreira Salles.

Alba Frota era chefe do Serviço de Documentação da Universidade Federal do Ceará. Arquivista nata, dedicou-se com zelo comovente a guardar a produção literária da amiga e escritora, de quem pretendia escrever uma biobibliografia comentada. O projeto foi interrompido com sua morte, em 1967, no mesmo acidente aéreo que vitimou o ex-presidente Castello Branco, quando ambos voltavam da Não Me Deixes, fazenda de Rachel em Quixadá. Na crônica "Albinha", com que Rachel homenageou a amiga logo depois, escreveu: "Eu lhe dizia brincando que papel impresso era para ela como palha benta – e era verdade. [...] E sem ser uma criadora, como disse, fez muito mais pelas letras e pela artes do que muita gente de nome celebrado". O material conservado por Alba Frota, somado ao que a família da escritora guardou, compõe o Fundo Rachel de Queiroz.

Entre as centenas de crônicas e os mais variados tipos de documentos desse Fundo, encontra-se um copioso álbum de recortes dos primeiros artigos que Rachel publicou na imprensa do Ceará. Mas esse não é trabalho original de Alba Frota, e sim de Clotilde de Queiroz – a mãe vigilante e de indiscutível intuição arquivística, que reconheceu nos textos da filha mais talento do que gracinhas juvenis. Levou a sério o material, que passaria a constituir fonte de pesquisa indispensável para a edição deste *Mandacaru*.

Foi a Alba Frota, porém, que, em 1928, Rachel de Queiroz confiou os originais manuscritos reproduzidos aqui em fac-símile. A primeira notícia sobre esse livro se encontra num artigo publicado no *Correio do Ceará*, de 24 de setembro de 1928, em que se lê: "Sua estreia, na feira dos livros, vai ser definida agora com a publicação de *Mandacaru*, volume em que a festejada poetisa reúne avultado número de poesias modernas".

Rachel, no entanto, desistiu da edição em livro, embora, dos dez poemas planejados para integrá-lo, pelo menos quatro tenham sido publicados: "Renda da terra", em *O Cruzeiro*, de 23 de novembro de 1929; "Meu padrinho", em *A Jandaia*, de 14 de dezembro de 1929, e em *O Povo*, de 21 de dezembro de 1930; "Nheengarêçaua", em *O Povo*, de 7 de janeiro de 1930, e em *O Cruzeiro*, de 22 de fevereiro do mesmo ano; e "Lampião", na revista *Cipó de Fogo*, de 27 de setembro de 1931.

Uma versão datilografada do conjunto dos dez poemas, datada de 1958 e que integra o Fundo Rachel de Queiroz, sugere que, três décadas depois de anunciados, a ideia de editar o livrinho ressurgiu, embora não se possa garantir que a autora tenha participado do projeto, mais uma vez abortado.

Com relação ao título, *Mandacaru*, justifica Rachel no prefácio: "Talvez os traços do velho Simbolismo romântico se denunciem logo no título que escolhi; mas convenhamos! Creio que a arte moderna não nos proíbe o uso de uma imagem que reputamos feliz."

Ao contrário de proibição, a imagem do mandacaru agradava – e muito – aos modernistas, como se vê no *Abaporu*, com que Tarsila do Amaral marcou sua participação na Antropofagia liderada por Oswald de Andrade, seu marido à época. No quadro famoso, o abaporu, em tupi-guarani, "homem que come", aparece à frente do cacto com que Rachel batizou sua coletânea de poemas. A planta sobressai ainda na série de gravuras que Lasar Segall fez sobre o Mangue, como representação "do sofrimento e da miséria" – ressalta Davi Arrigucci Jr. em *O cacto e as ruínas*.[45] São esses

---

45. ARRIGUCCI JR., Davi. *O cacto e as ruínas*. 2. ed. São Paulo: Duas Cidades/Editora 34, 2000, p. 30.

"mandacarus assombrativos" – chamou-os Manuel Bandeira na crônica "Tarsila antropófaga"[46] – que foram escolhidos por Rachel de Queiroz para o título do livro, como símbolo de sua geografia pessoal, da resistência e da força do sertão.

Com *Mandacaru*, ela pretendia tomar parte do projeto modernista, conforme escreveu no prefácio: "*Mandacaru* é um dos balbucios com que nós, os do Nordeste, tentamos colaborar na grande harmonia nacional que vocês executam". Escrito em 1928, o livro valia como uma resposta à convocação, não só dos modernistas dissidentes daquele final de década, mas dos anteriores, empenhados na construção de uma consciência nacional, de um novo projeto de brasilidade estética por meio de uma "síntese cultural própria" – nas palavras de Raul Bopp.

Certa de que participava de um plano abrangente, a autora se antecipa a uma possível crítica e trata de justificar, no mesmo prefácio:

> Vê-se bem, pelo aferro com que me cinjo a preceitos talvez comezinhos do novo código, a intolerância apaixonada de recém-iniciada, o entusiasmo pueril de uns 18 anos ainda incompletos; e ao mesmo tempo o velho calo simbolista ainda se faz sentir, os voos de Condoreirismo barato ainda se iniciam, ainda permanecem fragmentos dessa crosta lírica, que nós os da grande terra verde e amarela só conseguiremos extirpar depois de alguns anos e muito boa vontade.

Impossível maior consciência do conteúdo e do propósito deste livro. Ainda assim, Tristão de Athaíde se referiu à autora como "a primeira

---

46. BANDEIRA, Manuel. *Poesia e prosa*. Rio de Janeiro: Editora José Aguilar Ltda., 1958, pp. 225-226.

grande voz feminina do Modernismo",[47] não pelos versos, que talvez ele não tenha conhecido, mas por *O Quinze*, em que a romancista, livre da eloquência poética, encontraria a sua sobriedade natural. Afirma Villaça, no estudo citado, que "toda a obra posterior" da autora está nesse seu romance. No entanto, a publicação de *Mandacaru* vem mostrar que esse "posterior" tem como referência, no passado, uma data anterior a *O Quinze*. Antes dele – constata-se agora –, a autora tratou de temas e personagens que desenvolveria não só no romance, como nas crônicas e no teatro.

No poema de abertura de *Mandacaru*, "Nheengarêçaua", que em dialeto tupi nheengatu significa "cantoria", a poeta, ao convidar o leitor para conhecer a história a ser narrada em versos, canta a simbologia do mandacaru: "*só ele, isolado/* [...] *luta, verdeja, encontra seiva e vive/ macambúzio e eriçado...*". Não sabia ela que o símbolo resultava em escolha involuntária e legitimamente modernista.

Aí estão, em *Mandacaru*, as personagens da mitologia cearense: Bárbara de Alencar, a heroína "varonil e política" que esteve ao lado do filho, Tristão de Alencar, durante a participação do Ceará na Confederação do Equador; aí se projeta o Padre Cícero, que chegara a Juazeiro – descreve Rachel em crônica – "menino, mentiroso e angélico";[48] aí avulta Lampião, "um homem muito cortês" – conta ela a Hermes Nery –, personagem da peça homônima que ela publicaria em 1953; aí se distingue o jangadeiro abolicionista Nascimento, conhecido como Dragão do Mar, a quem ela homenageia na crônica

---

47. *Apud* VILLAÇA, Antonio Carlos. "Panorama da vida e da obra de Rachel de Queiroz". *In*: *Rachel de Queiroz: os oitenta*. Rio de Janeiro: José Olympio, 1990, p. 57.

48. "O padre Cícero Romão Batista". *In*: QUEIROZ, Rachel de. *A donzela e a moura torta*. Rio de Janeiro: Academia Brasileira de Letras, 1987, pp. 52-57. Este trecho, com pequenas alterações, é o mesmo de QUEIROZ, Rachel de e QUEIROZ, Maria Luíza de. *O nosso Ceará*. Fortaleza: Fundação Demócrito Rocha, 1996, p. 63.

"O Dragão do Mar e outros dragões". Apresenta-se ainda em *Mandacaru*, e se desenvolve em *O Quinze*, a indiferença do paroara, nordestino que vive na Amazônia ou, mais exatamente, o sujeito que, sobretudo durante a seca, agencia trabalhadores para os seringais daquela região. Do mesmo modo, se desenha aqui o sonho de fazer fortuna no Acre, presente em *O Quinze*, e os feitos nas construções dos açudes do Orós e do Cedro.

Se os versos de *Mandacaru* irradiam temas de *O Quinze*, neste igualmente desembocam as leituras que Rachel fez dos chamados romances da seca, como *Luzia-Homem*, de Domingos Olímpio, de 1903, em que a seca de 1877 perpassa toda a narrativa; *A normalista*, de Adolfo Caminha, o admirável romancista de *Bom-Crioulo*; ou ainda *O paroara*, romance de Rodolfo Teófilo, de 1899. Todas leituras feitas no aconchego da fazenda do Junco.

Temas e personagens a um só tempo se refletem e se anunciam em *Mandacaru*, para se ampliarem em *O Quinze*. Dentre todos, talvez seja o êxodo o que mais punge a alma da escritora. Toda a emoção que transborda nos versos imaturos de *Mandacaru* se condensa e se tensiona no romance, com a via-crúcis do vaqueiro Chico Bento, sua mulher Cordulina e os filhos. O êxodo que deriva da seca, sendo tema regional, é universal na sua gênese, na medida em que se liga à apartação de raízes própria do exílio. Para desenvolver o assunto com a tensão justa, é em *O Quinze* que a escritora retesaria a narrativa em proporção equivalente à limpidez da sua emoção. E com que rigor ela fará isso! José Lins do Rego observa: "Rachel de Queiroz, esta quer se fazer de mais magra nos exercícios de continência a que submete a sua prosa. Dentro da menina que nos deu *O Quinze*, havia e há uma lírica, a poesia dos que sabem descobrir no fato rude pontos de ternura."[49]

---

49. REGO, José Lins do. *Presença do Nordeste na literatura*. Rio de Janeiro: Ministério da Educação e Cultura, 1957, p. 27.

São esses "pontos de ternura" que Rachel de Queiroz iluminou no tom solene e emocionado com que tratou, nos poemas, as questões de sua terra e as personagens míticas que a povoaram. Na prosa, preferiu a meia-tinta, em que "tudo é vivo, mas nada chama a atenção", como notou Arrigucci Jr. sobre O Quinze. Aí, "a naturalidade é o que se nota primeiro. Reina uma absoluta ausência de ênfase na linguagem, despida e próxima da fala corriqueira"[50] – segue o crítico. Rachel abandonou a eloquência dos versos pela prosa sóbria do romance, escrito dois anos depois, a lápis, e à luz de uma lamparina a querosene.

Nem por isso deixa *Mandacaru* de guardar interesse documental. Ou até por isso. Ao enfeixar os dez poemas do conjunto original, esta edição pretende restabelecer o vínculo entre eles e a prosa de *O Quinze*, expondo, dessa forma, a temática do romance em fermentação, assim como o abismo entre a oratória dos versos e a sobriedade da narrativa. É em *Mandacaru* que se ouvem, pela primeira vez, os "balbucios" com que a autora vivenciou a inquietude na busca do talhe adequado. Só o encontraria em 1930, quando "desandou a escrever como gente grande" – quem sabe diria ela mesma com sua conhecida espontaneidade.

Não escaparia a Mário de Andrade o contraste entre a poesia e a prosa da autora. Na crítica que prontamente divulgou em 14 de setembro de 1930 sobre *O Quinze*,[51] estranhou a "versalhada" – diz ele – do prefácio. É que, antes de "As clássicas 'duas palavras'" com que Rachel apresentou a primeira edição do romance, incluiu versos de "O êxodo", de *Mandacaru*,

---

50. "O sertão em surdina". *In*: ARRIGUCCI JR., Davi. *O guardador de segredos*. São Paulo: Companhia das Letras, 2010, p. 91.

51. "Rachel de Queiroz". *In*: ANDRADE, Mário de. *Táxi e crônicas no Diário Nacional*. São Paulo: Livraria Duas Cidades/Secretaria da Cultura, Ciência e Tecnologia, 1976, pp. 253-254.

mas não os assinou. Mário desconfiou – e acertou – que eram dela. E não gostou, como esclarece:

> Escreveu um Prefácio e uma citação em verso, provavelmente dela pois não traz nome de outro autor. Prefácio e verso são literatice mas da gorda. Basta dizer que a versalhada principia: "O sol, qual Moloch das lendas caducas!" O que surpreende mais é justamente isso: tanta literatice inicial se soverter de repente, e a moça vir saindo com um livro humano, uma seca de verdade, sem exagero, sem sonoridade, uma seca seca, pura, detestável, medonha, em que o fantasma da morte das maiores desgraças não voa mais que sobre a São Paulo dos desocupados. Rachel de Queiroz eleva a seca a suas proporções exatas. Nem mais, nem menos. [...] Os outros escritores da seca criaram obras-primas literárias. Como artistas, como criadores se conservam muito acima de Rachel de Queiroz. Mas essa moça inventou a obra-prima também: Obra-prima, *tout court*.

Mário não podia saber a origem dos versos de "O êxodo", por isso ignorava o que neles havia de esforço antes que a autora acertasse a mão para tratar do tema com a superioridade com que o faria em *O Quinze*.

"Nata e flor do nosso povo" foi como Manuel Bandeira a definiu na louvação com que a homenageou em "Rachel de Queiroz", de *Estrela da tarde*. Louvada seja especialmente neste 17 de novembro de 2010, dia de seu centenário de nascimento.

Alba Frota, amiga de Rachel de Queiroz e a quem se deve a preservação de grande parte do arquivo da autora de *O Quinze*. Alba Frota inspirou diretamente a personagem Maria José do romance *As três Marias*, de 1939.

Arquivo Teresa Maria Frota Bezerra

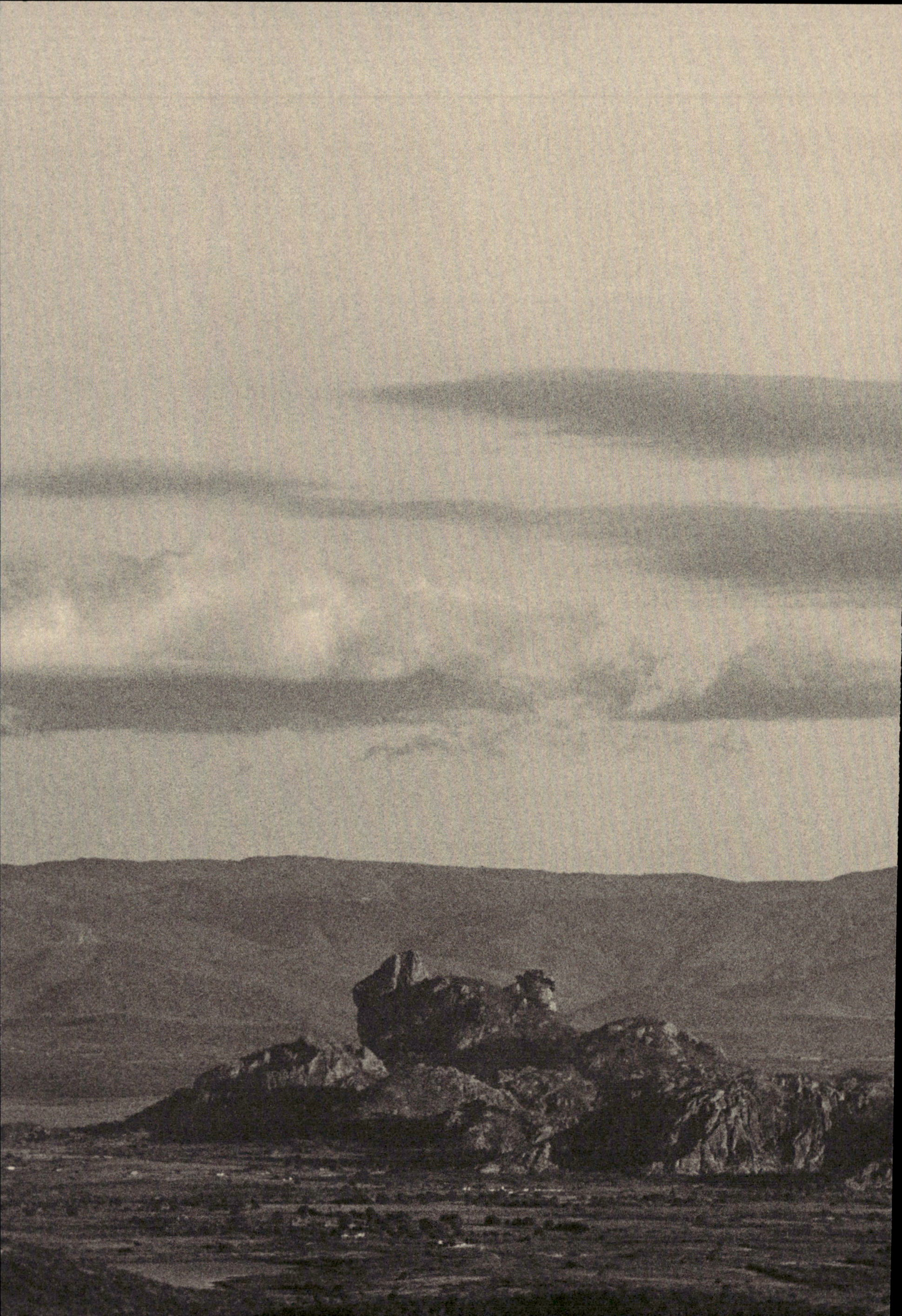

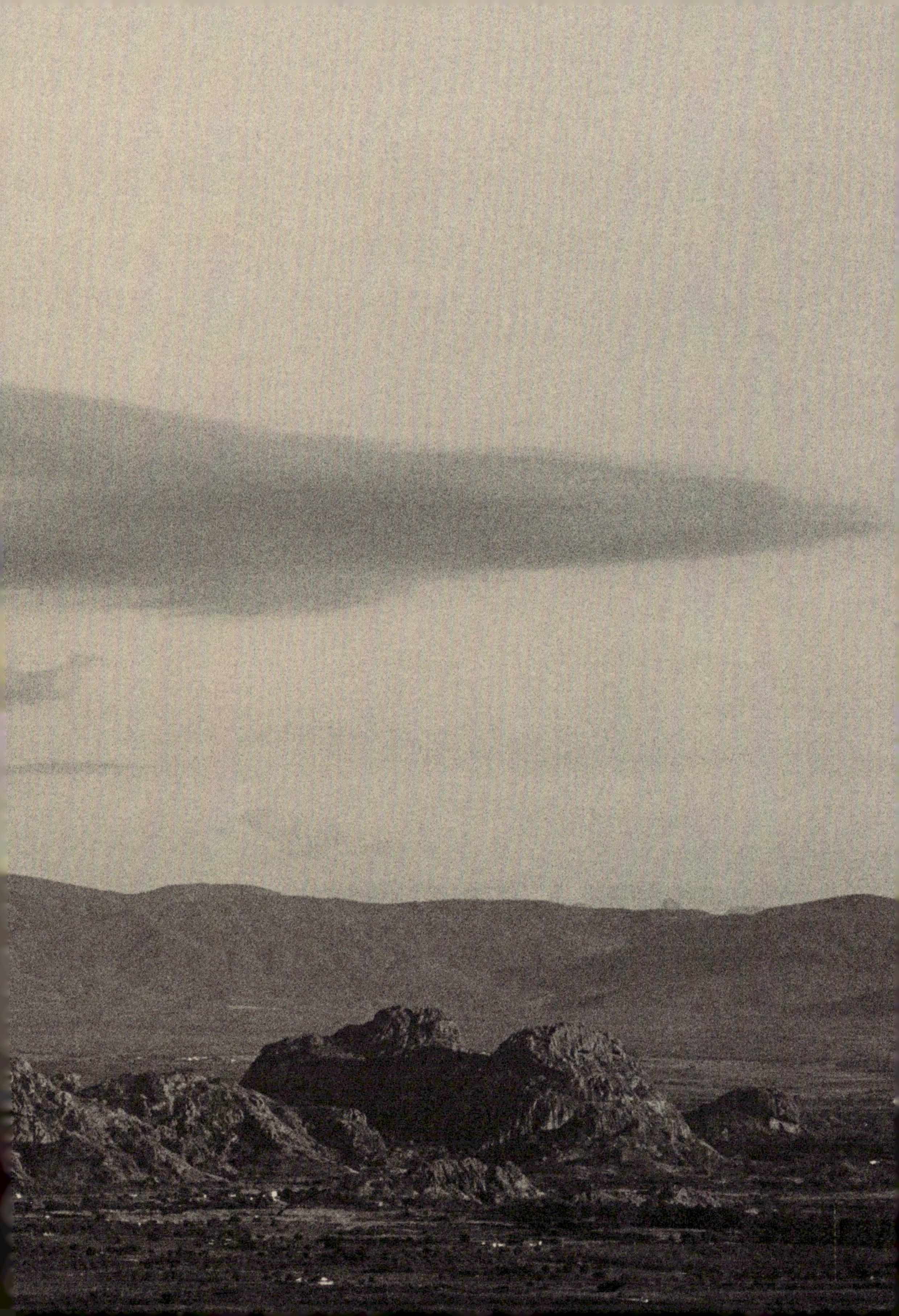

Anotação de Alba Frota nos originais manuscritos de *Mandacaru*
Fundo Raquel de Queiroz/Instituto Moreira Salles

Originais do
1º livro de versos inéditos
Rachel

"Mandacaru"
1928

Mandacarú

Nhungarêçana
Dona Barbara de Alencar
O Exodo
O Acre
Nascimento
Cedro
Orós
Meu padrinho
Lampeão
Renda da terra

Faltam as paginas — 21 Nascimento final
34 Lampeão fim
36 Renda da terra fim

A vocês, Novos do Sul, que iniciam o grande movimento de brasilidade, é que me dirijo na primeira pagina de "Mandacarú".

D'aqui, embora de tão longe, daqui da terra sempre illuminada pelo fogo de um sol eterno, eu sigo os triumphos, as indecisões, as luctas em que vocês se debatem, no afã de despirem o Brasil da velha e surrada casaca europea, de o fazerem vestir uma roupa mais nova, feita do algodão da terra, e onde elle possa trabalhar e produzir, liberto do acôdo que o entravava.

Talvez porque elles applaudo o programma, porque acredito no mecanismo do movimento que vocês impulsionam, porque commungo na mesma ambição, tenho me podido orientar nesse tumultuar de primordios nessa confusão de seitas artisticas em que as vozes de vocês exigem e proclamam uma reforma que de ha muito se impunha, e me tenho maravilhado com as manifestações de arte sadia, original e expontanea, que sempre surgem, embel-

A vocês, Novos do Sul, que iniciam o grande movimento de
brasilidade, é que me dirijo na primeira página de *Mandacaru*.

Daqui, embora de tão longe, daqui da terra sempre
iluminada pelo fogo de um sol eterno, eu sigo os triunfos,
as indecisões, as lutas em que vocês se debatem, no afã de despirem
o Brasil da velha e surrada casaca europeia, de o fazerem vestir
uma roupa mais nossa, feita do algodão da terra, e onde ele possa
trabalhar e produzir, liberto do acocho que o entravava.

Talvez porque lhes aplaudo o programa, porque acredito no
messianismo do movimento que vocês impulsionam, porque
comungo na mesma ambição, tenho me podido orientar
nesse tumultuar de primórdios, nessa confusão de seitas artísticas,
em que as vozes de vocês exigem e proclamam uma reforma
que de há muito se impunha, e me tenho maravilhado
com as manifestações de arte sadia, original e espontânea,
que sempre surgem, embe-

xando e individualisando a obra de cada um.

É por isso que os entendo e que os amo é que lhes venho pedir, a acolhida carinhosa em que vocês recebem toda tentativa bem intencionada.

"Mandacarú" é um dos balbucios em que nós, os Nordeste que tentamos collaborar na grande harmonia nacional que vocês executam.

É indeciso e vacillante como todas as estréas. Vê-se bem, pelo afêrro com que me cinjo a preceitos talvez consenhos do novo codigo, a intolerancia apaixonada de recem-iniciada, o enthusiasmo pueril de uns oito annos ainda incompletos e ao mesmo tempo o velho callo symbolista, ainda a fazer sentir os tocs de condoreirismo baratos ainda se iniciam, ainda permanecem fragmentos dessa crosta lyrica, que nós os da grande terra verde e amarello só conseguiremos extirpar depois de alguns annos e muita boa vontade, porque ella traz em si a força atavica de varias gerações: nosso avô amou atravez de Casimiro, o tio combateu os escravagistas e fundou clubs libertadores estribilhando epicamente o "Deus, ó Deus onde estás que não respondes?!", nosso papae conquistou sua dama recitando ao pé do piano que mastigava a "Dalila", o "Ainda uma vez adeus..." e fomos embalados pela vorsalhada arcadica do "Bem sei que tu me desprezas..."

Talvez os traços do velho symbolismo romantico se denunciem logo no titulo que escolhi:

lezando e individualizando a obra de cada um.

E, por isso que os entendo e que os amo, é que lhes venho pedir a acolhida carinhosa com que vocês recebem toda tentativa bem intencionada.

Mandacaru é um dos balbucios com que nós, os do Nordeste, tentamos colaborar na grande harmonia nacional que vocês executam.

É indeciso e vacilante como todas as estreias. Vê-se bem, pelo aferro com que me cinjo a preceitos talvez comezinhos do novo código, a intolerância apaixonada de recém-iniciada, o entusiasmo pueril de uns dezoito anos ainda incompletos; e ao mesmo tempo o velho calo simbolista ainda se faz sentir, os voos de Condoreirismo barato ainda se iniciam, ainda permanecem fragmentos dessa crosta lírica, que nós os da grande terra verde e amarela só conseguiremos extirpar depois de alguns anos e muito boa vontade, porque ela traz em si a força atávica de varias gerações: nosso avô amou através de Casimiro;[1] o tio combateu os escravagistas e fundou *clubs* libertadores, estribilhando epicamente o *"Deus, ó Deus onde estás que não respondes?!"*[2] Nosso papai conquistou sua dama, recitando ao pé do piano que mastigava a "Dalila"[3] o "Ainda uma vez – Adeus!",[4] e fomos embalados pela versalhada arcádica do "Bem sei que tu me desprezas..."[5]

Talvez os traços do velho Simbolismo romântico se denunciem logo no título que escolhi;

Mas, convenhamos! Creio que a arte moderna não nos prohibe o uso de uma imagem que reputamos feliz.

E eu nada encontrei que melhor exprimisse a alma de nossa raca do que o mandacarú ᵇⁱᶻᵃʳʳᵒ, ⁱˢᵒˡᵃᵈᵒ de apparencia inutil e aggressiva, que resiste sosinho aos fogareos do sol, na tortura da secca, e é a nutrição, a salvação da pobre rez faminta e insolada, quando todas as arvores morrem, a chlorophylla foge, e a frescura da terra emigra, attrahida pelo eco.

Eu quiz abrir o coração de minha gente e mostral-o a Vocês.

Lh'o envio, com toda a ternura carinhosa de que dispõem minhas mãos de mulher, com todo o ardor enthusiastico em que vibra a saude brasileira de minha mocidade.

R. de L.

Outubro de 1928.

mas convenhamos! Creio que a arte moderna não nos proíbe
o uso de uma imagem que reputamos feliz.

E eu nada encontrei que melhor exprimisse a alma de nossa
raça do que o mandacaru bisonho, isolado, de aparência inútil e agressiva,
que resiste sozinho aos fogaréus do sol, na tortura da seca,
e é a nutrição, a salvação da pobre rês faminta e insolada, quando
todas as árvores morrem, a clorofila foge, e a frescura da terra emigra,
atraída pelo céu.

—

Eu quis abrir o coração de minha gente e mostrá-lo a vocês.

Aí o envio, com toda a ternura carinhosa de que dispõem minhas
mãos de mulher, com todo o ardor entusiástico em que vibra a saúde
brasileira de minha mocidade.

R. de Q.
Outubro de 1928

I

Nheengarêcana

Homem do Sul, Você que conhece a geada e o frio,
Você que já viu primavera,
inverno, outono, como na Europa,
você não sabe o que é o sol!

Você não imagina
o que é o céu sem nuvens por mezes seguidos;
o que é o sol bater de chapa na terra fulva
trezentos dias encarrilhados!...

Ao meio dia
nos tempos de fogo em que o sol é rei
o ar é tão fino e tão frágil
que treme!...
o sol fura-o todo de luz, igualzinho á rendeira
picoando de espinhos a trama dos bilros

Você nunca veio até cá...
— "Ceará"!...
Retirante, sol quente, mizeria —"

Nheengarêçaua[1]

Homem do Sul, você que conhece a geada e o frio,
    você que já viu primavera,
inverno, outono como na Europa,
    você não sabe o que é o sol!

005   Você não imagina
o que é o céu sem nuvens por meses seguidos;
o que é o sol bater de chapa na terra fulva
    trezentos dias encarrilhados!...

    Ao meio-dia
010 nos tempos de fogo em que o sol é rei,
o ar é tão fino e tão frágil,
    que treme...
o sol fura-o de luz, igualzinho à rendeira
    pinicando de espinhos a trama dos bilros...

015   Você nunca veio até cá...
            "– Ceará!...
Retirante, sol quente, miséria..."

O sol do Nordeste foi feito somente
pra os olhos sem medo dos filhos da terra...
— o filho da terra, pequeno e físico
   que é como o mandacarú:
— quando a tragedia secca escorraça a vida e
                          [absorve ás seivas
   só elle, isolado,
— no meio da caatinga que se apruma
e extende para o céo a lamuria em riza dos galhos
lucta verdeja, encontra vida e vive   [seccos-
macambuzio e irrigado.

              ~ ~ ~

   No entanto, essa gente que mora tão longe
é a mesma que mora nas terras do Norte...
Se o sangue do Sul caldeou-se com o branco emigrante
         numa fecunda mistura
ainda existe em suas veias mestiças
   esta vida que é Norte tão pura...

      E, se somos irmãos,
   porque um laço mais forte de amor não nos
                                      [prende?

— Irmão longinquo, senhor das fabricas,
dos cafesaes, das minas, do ouro,
   eu quero que o meu poema
faça as vezes de um vidro esfumado
   através do qual seu olhar deslumbrado

O sol do Nordeste foi feito somente
pra os olhos com medo dos filhos da terra...
o filho da terra, pequeno e feioso,
    que é como o mandacaru:
      quando a tragédia seca escorraça a vida e absorve as seivas,
só ele, isolado
no meio da caatinga que se apinha
e estende para o céu a lamúria em cinza dos galhos secos,
    luta, verdeja, encontra seiva e vive
    macambúzio e erriçado...

—

    E, entanto, essa gente que mora tão longe
é a mesma que mora nas terras do Norte...
Se o sangue do Sul caldeou-se com o branco imigrante
    numa fecunda mistura,
ainda existe em suas veias mestiças
    esta seiva que o Norte tem pura...

—

    E, se somos irmãos,
      por que um laço mais forte de amor não nos prende?

Irmão longínquo, senhor das fábricas,
dos cafeeiros, das minas, do ouro,
    eu quero que o meu poema
    faça as vezes de um vidro esfumado
      através do qual seu olhar deslumbrado

possa ver esta terra candente do Norte...

Irmão longinquo, detentor da riqueza da patria
eu quero que as folhas abertas de meu poema
sejam mãos estendidas
para um abraço de fraternidade !

possa ver esta terra candente do Norte...

Irmão longínquo, detentor da riqueza da Pátria,
eu quero que as folhas abertas de meu poema
      sejam mãos estendidas
045   para um abraço de fraternidade!

Dona Barbara de Alencar

Já faz tempo que esta historia aconteceu...
talvez mais de cem annos...
                              E assim velha
é a historia mais bonita que eu conheço...

— Nesse tempo o Brasil era ingenuo e criança
  e entregou o governo a um Bragança
    debochado e maluco...
  Só porque elle era filho de rei
  e fazia promessas bonitas
  e dizia galanterias ás damas, ao povo,
     com phrasalhões de fim de acto...

Foi então que um punhado de heroés — ou um punhado
                                      de loucos
  tiveram pena da terra verde tão mal entregue
  e conheceram magicos sonhos de liberdade...

    Tinham o sol ante os olhos...
  "Triumphar ou morrer" era o lemma...

D. Bárbara de Alencar[1]

Já faz tempo que esta história aconteceu...
    talvez mais de cem anos...
        E assim velha
é a história mais bonita que eu conheço...

    Nesse tempo, o Brasil era ingênuo e criança
      e entregou o governo a um Bragança
        debochado e maluco...
Só porque ele era filho de rei
  e fazia promessas bonitas
e dizia galantezas às damas, ao povo,
    com frasalhões de fim de ato...[2]

Foi então que um punhado de heróis – ou um punhado de loucos –
  tiveram pena da terra verde tão mal entregue
e sonharam mágicos sonhos de liberdade...

    Tinham o sol ante os olhos...
"Triunfar ou morrer" era o lema...[3]

Uma mulher, de alma de aço afiada em dois gumes:
— a bravura de fera a luctar pelas crias,
    e o arrojo viril dum apostolo —
empunhou a bandeira vermelha
    accendeu os morteiros de guerra
    e se fez a rainha ideal da revolta...

    E tomou pela mão os heroes rebellados
dois dos quaes ella enxugou dos peitos no leite materno
    a coragem da raça guerreira da terra,
    e amostrou-lhes á frente a vereda da gloria:
"— Vejam, filhos! É ali! É preciso chegar!
    Surge, ás vezes, a morte em caminho...
Mas que vale morrer? tudo morre no mundo!
    Tudo morre!
            mas, não! Vocês hão de vencer!
A victoria, enfeitada de pennas vermelhas,
    a aragem ~~nativa de festa~~ á cintura,
olhem! surge com o sol, na manhã do triumpho!"

        * * *

    Ah! mas cheguei no pedaço mais triste da historia
— A mulher grandiosa, os guerreiros valentes
que traziam um sol rubro ante os olhos
    e tentaram toma-lo nos dedos,
tinham o coração maior que as mãos...
    Se o sonho era grande e abarcava o futuro,
se o coração era immenso e abrangia o infinito,
    eram curtos e poucos os braços!
        E despunham prá lucta,
    pra conquista tão grande e longinqua

E uma mulher, de alma de aço afiada em dois gumes
— a bravura de fera a lutar pelas crias
e o arrojo viril dum apóstolo –,
empunhou a bandeira vermelha,
acendeu os morteiros de guerra

e se fez a rainha ideal da revolta...[4]

E tomou pela mão os heróis rebelados,
dois dos quais lhe sugaram dos peitos no leite materno[5]
a coragem da raça guerreira da terra,
e amostrou-lhes à frente a vereda da glória:
"– Vejam, filhos! É ali! É preciso chegar!
Surge, às vezes, a morte em caminho...
Mas que vale morrer? Tudo morre no mundo!
Tudo morre!
Mas não! Vocês hão de vencer!
A vitória, enfeitada de penas vermelhas[6]
a arazoia[7] de festa à cintura,
olhem! Surge com o sol, na manhã do triunfo!"

Ah! Mas cheguei no pedaço mais triste da história...
A mulher grandiosa, os guerreiros valentes,
que traziam um sol rubro ante os olhos
e tentaram tomá-lo nos dedos,
tinham o coração maior que as mãos...
Se o sonho era grande e abarcava o futuro,
se o coração era imenso e abrangia o infinito,
eram curtos e poucos os braços!
E dispunham pra luta,
pra conquista tão grande e longínqua

do pequeno tamanho das espadas...

E em vez da victoria
que acenava de longe enfeitada de pennas victriss,
só chegou, dolorosa, a derrota irrisoria...

E o destino perverso
tangeu-os para o pretume das enxovias...
e com seu dedo de saçy diabolico
amostrou-lhes o F agourento das forcas,
fel-os ouvir a ribombada dos fuzilamentos...

— Dona Barbara!
Você é a Nossa Senhora da minha raça!
Parece que ouço de sua bocca
santas palavras de ternura e de energia:
— "Vá, meu filho! Vá luctar por sua terra!
Ser vencedor vença; se não puder, morra!
Quer? eu vou com você pra lhe dar mais coragem!
Olhe Tristão esquartejado em Santa Rosa!
Ah! pobresinho do meu filho!
Ainda estou vendo a cabecinha cacheada
quando em pequeno elle dormia no meu collo...
— ...Estou chorando?
é de tristeza por o ver vencido,
é só de pena pela minha terra!
Ah! se elle fosse vivo...
talvez a gente não perdesse a guerra!

045   do pequeno tamanho das espadas...

    E em vez da vitória,
    que acenava de longe enfeitada de penas vistosas,
    só chegou, dolorosa, a derrota irrisória...

    E o destino perverso
050 tangeu-os para o pretume das enxovias...[8]
        e com seu dedo de saci diabólico
        amostrou-lhes o "F" agourento das forcas,
    fê-los ouvir a ribombada dos fuzilamentos...

D. Bárbara!
055   Você é a Nossa Senhora da minha raça!
        Parece que ouço de sua boca
    santas palavras de ternura e de energia:
        "– Vá, meu filho! Vá lutar por sua terra!
    Se puder, vença! Se não puder, morra!
060 Quer? Eu vou com você pra lhe dar mais coragem!
        Olhe Tristão esquartejado em Santa Rosa![9]
        Ah! Pobrezinho do meu filho!
    Ainda estou vendo a cabecinha cacheada,
        quando em pequeno ele dormia no meu colo...
065 ... Estou chorando?
                    É de tristeza por o ver vencido,
    é só de pena pela minha terra!
    Ah! Se ele fosse vivo...
                    talvez a gente não perdesse a guerra!

—Entai, se ainda quizessem, elle morria...
                           e eu morria com elle!

? | —Ande, meu filho, volte!
  | Eu quero lhe crear de novo!
  | Venha outra vez aprender a ser Valente!

070   Então, se ainda quisessem, ele morria...
                        e eu morria com ele!

        Ande, meu filho, volte!
        Eu quero lhe criar de novo!
        Venha outra vez aprender a ser valente!"

O Exodo

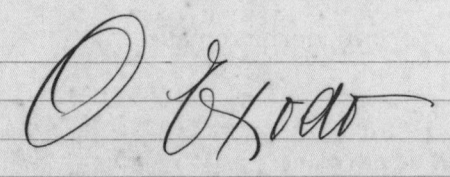

77... 88... o 15...
foram as seccas da morte...

O sol, qual Molock das lendas pedantes
descerrou as guelas de fogo,
e ameaçou engulir toda gente.
E queimou, com seus olhos de brazas ardentes
as sementes que o vento lançara na terra;
e matou, com seu bafo de chammas,
as raízes que a matta embutira no chão;
e bebeu, de sedento e faminto
toda a agua que o inverno esqueceu por aqui.
E depois, tendo esgottado tudo,
devorado tudo,
espanou com a vassoura da fome a cohorte de vidas que
a secca deixou...

Ai! a amargura do exodo!
E o Amazonas, destino de todos!
— O Amazonas, de alma de bôto que encanta e que
mata...—

"Adeus Maranguape, adeus Quixadá
"Adeus povo todo, adeus Ceará!

O êxodo[1]

Setenta e Sete[2]... Oitenta e Oito... o Quinze...
foram as secas da morte...

O sol, qual Moloch[3] das lendas pedantes,
   descerrou as goelas de fogo
e ameaçou engolir toda a gente.
   E queimou, com seus olhos de brasas ardentes,
as sementes que o vento lançara na terra;
   e matou, com seu bafo de chamas,
   as raízes que a mata embutira no chão;
   e bebeu, de sedento e perverso,
toda a água que o inverno esqueceu por aqui.
   E depois, tendo esgotado tudo,
   devorado tudo,
espanou com a vassoura da fome a coorte de vidas que
                    a seca deixou...

Ai! A amargura do êxodo!
E o Amazonas, destino de todos!
O Amazonas, de alma de boto que encanta e que
                    mata...

"ADEUS MARANGUAPE, ADEUS QUIXADÁ[4]
ADEUS POVO TODO, ADEUS CEARÁ!

"Não chore, Mãesinha, não morra a chorar!
"Que no fim do anno eu torno a voltar...

"Eu vou para o Norte vou ser seringueiro,
"Vou para o Amazonas, vou ganhar dinheiro.

"Não chore minha noiva, ai, não chore assim!
"No fim deste anno espere por mim!"

...é a cantiga do exodo...
Na proa desolada do navio
a viola soluça
e o retirante se despede e diz que volta...

    x   x   x

Sertão... jacaré... nostalgia... beri-beri...
e seringueira... seringueira... seringueira...
    seringueira...

    x   x   x

Oitenta e nove! dezeseis!
Choveu de novo!

— "Oh! cearense sem vergonha!
Vem de lá corrido mas, choveu, arriba!"
— "Ai, meu irmão! No meu Ceará velho
a gente não se esquece nem na cova!

NÃO CHORE, MÃEZINHA, NÃO MORRA A CHORAR!
QUE NO FIM DO ANO EU TORNO A VOLTAR...

EU VOU PARA O NORTE, VOU SER SERINGUEIRO,
VOU PARA O AMAZONAS, VOU GANHAR DINHEIRO.

NÃO CHORE, MINHA NOIVA, AI, NÃO CHORE ASSIM!
NO FIM DESTE ANO, ESPERE POR MIM!"

... é a cantiga do êxodo...
Na proa desolada do navio,
    a viola soluça,
e o retirante se despede e diz que volta...

———

Sezão... jacaré... nostalgia... beribéri...
e seringueira... seringueira... seringueira...
        seringueira...

———

    Oitenta e Nove! Dezesseis![5]

Choveu de novo!

"– Oh! Cearense sem-vergonha!
Vem de lá corrido, mas choveu, arriba!"
"– Ai, meu irmão! Do meu Ceará velho,
    a gente não se esquece nem na cova!

Adeus, que estou com pressa!
Vie com as contas! e desforre na borracha!
Vie, que eu quero ir ver a borragem brotar!"

x x x

A procissão dos paroaras ricos
faz esquecer as procissões de retirantes...
— Bahús de couro, repregados de dourado
onde os contos de reis dormem em latas de flandres.
— Correntões que retinem em coletes de alpaca
ou se enovelam em pescoços cabeludos, roliços...
— Solitarios pelo ....
que scintillam em dedos calleijados...
— Grandes bichas, iguaes a corações de vidro
penduradas de orelhas furadas por brincos...

É a riqueza de chega ...
são os fructos do exodo...
O paroara rico
é o feliz desenlace da epopéa...

E os bahús cheios,
os correntões,
as bichas de brilhantes
e os donos de tudo,
vão installar seu ouro e sua pompa
no Quixadá, no Quixeramobim, no Crato.
bem dentro da Rua Grande,
na melhor casa da Praça da Matriz...

x x x

Adeus, que estou com pressa!
Avie com as contas! Se desforre na borracha!
Avie, que eu quero ir ver a babugem⁶ brotar!"

———

A procissão dos paroaras⁷ ricos
045 faz esquecer as procissões de retirantes...
  Baús de couro, repregados de dourado,
onde os contos de réis dormem em latas de flandres...
  Correntões que retinem em coletes de alpaca
    ou se enrolam em pescoços caboclos, roliços...
050   Solitários fulgentes,
que cintilam em dedões calejados...

  Grandes bichas,⁸ iguais a caroços de milho
pendurados de orelhas furadas por brincos...

  É a riqueza que chega...
055 são os frutos do êxodo...
   O paroara rico
    é o feliz desenlace da epopeia...

  E os baús cheios,
  os correntões,
060 as bichas de brilhantes;
  e os donos de tudo
vão instalar seu ouro e sua pompa

 no Quixadá, no Quixeramobim, no Crato,⁹
  bem dentro da Rua Grande,
065   na melhor casa da Praça da Matriz...

———

Gente do Sul, vocês, por acaso,
sabem ganhar dinheiro, penosamente,
penosamente... penosamente...
ai! i frio da seca! ai! a saudade do seu canto!
Como custa a pingar o leite na tijella!
— Gotta a gotta...
                    penosamente...
Pra depois esbanjarem em sua terra?...

Gente do Sul, vocês, por acaso,
sabem ganhar dinheiro penosamente,
penosamente... penosamente...
– ai! O frio da sezão! Ai! A saudade do seu canto!
    Como custa a pingar o leite na tigela!
      Gota a gota...
                            penosamente... –
pra depois esbanjarem em sua terra?...

O Acre

Na ambição de encontrar mais borracha e mais gomma
— de enricar mais depressa —
que a gente deixou atraz Manaus e o Rio Negro...

Foi-se trepando pela correntesa
na procura ancciosa do ouro elastico,
ver se cumpria o eterno fado dos exodos:
a fuga, a lucta, o ganho e, — coroando tudo —
a volta triumphante e endinheirada.

Lá acima, muito acima,
— já longe dos rios das icamiabas guerreiras, —
tinha uma terra salubre,
onde a borracha corria livre nas veias da seringueira
sem saber de tijella e machadinha.

Os cearenses, ahi, botaram a mochila no chão
e ficaram trabalhando.

Depois, elles que chegaram sosinhos, desamparados,
acharam umas indias bonitas
que chamavam todo o mundo de usted...
E ellas trataram delles, quando tiveram maleita e beri-beri,
e lhes deram muitos filhos entroncados e vivos
que enchiam os barracões de algazarra e de alegria

O Acre

Na ambição de encontrar mais borracha e mais ganho
    de enricar mais depressa,
a gente deixou atrás Manaus e o Rio Negro...

    Foi-se trepando pela correnteza
        na procura ansiosa do ouro elástico,
ver se cumpria o eterno fado dos êxodos:
a fuga, a luta, o ganho e – coroando tudo –
a volta triunfante e endinheirada.

    Lá acima, muito acima
– já longe dos rios das icamiabas[1] guerreiras –,
    tinha uma terra salubre,
onde a borracha corria livre nas veias da seringueira
    sem saber de tigela e machadinha.

    Os cearenses, aí, botaram a mochila no chão
    e ficaram trabalhando.

    Depois, eles, que chegaram sozinhos, desamparados,
    acharam umas índias bonitas
    que chamavam todo o mundo de *usted*...
E elas trataram deles, quando veio o beribéri,
e lhes deram muitos filhos entroncados e viçosos,
que enchiam os barracões de algazarra e de alegria.

E elles foram querendo bem áquella terra,
    tão rica, tão sem dono,
  que dava tanto dinheiro e tanta felicidade...

              x   x   x

        Mas, 'ahi vem o dictado
"Tudo no mundo se acaba,
              tudo no mundo tem fim"...
      E, um bello dia,
          appareceu o dono...

              x   x   x

    — "Vá'-se embora, cearense, vá'-se embora!
"Você veio desbravar este buraco de mundo
        pra meu proveito e meu gozo!...
  "A borracha que elle deve tanta noite mal dormida
        sou eu que quero vender!

    "Eu nunca abri estrada na uringa
  e agora sou andar nas que você abriu...
    "A barraca que você levantou quando brabo,
— ai! a tristeza do brabo que soluca de saudade olhando o rio correr!
    pois tambem sua barraca, filha da sua saudade,
      eu quero tomar pra mim...

        "Eu nunca faria nada
  porque tinha medo dos bichos que rodam os barracões;
      — você acuirou em redor,
        demarcou os seringaes,

E eles foram querendo bem àquela terra,
　　　tão rica, tão sem dono,
　　que dava tanto dinheiro e tanta felicidade...

—

025　　　　　Mas lá vem o ditado
　　"Tudo no mundo se acaba,
　　　　　　　tudo no mundo tem fim"...²
　　　　E um belo dia
　　　　　　apareceu o dono...

—

030　"– Vá-se embora, cearense, vá-se embora!
　　Você veio desbravar este buraco de mundo
　　　　　　　pra meu proveito e meu gozo!...
　　A borracha, que lhe deve tanta noite mal dormida,
　　　　　　sou eu que quero vender!

035　　　　Eu nunca abri estrada na seringa
　　e agora vou andar nas que você abriu...
　　　　　A barraca que você levantou quando brabo³
　　– ai! A tristeza do brabo que soluça de saudade, olhando o rio correr! –,
　　　　　pois também sua barraca, filha da sua saudade,
040　　　　eu quero tomar pra mim...

　　　　Eu nunca fazia nada,
　　porque tinha medo dos bichos que rodeiam os barracões;
　　　　você aceirou em redor,
　　　　　demarcou os seringais,

e agora os bichos se amoitam com receio do seu rifle,
   com medo do seu terçado.

"Vá! volte pra sua terra! Volta por do que veio...
   numa prôa de navio, tão magro, tão empambado!
      Chegando lá, que é que acha?
   — a ramada do roçado já queimaram nas coivaras,
      sua barraca de taipa, o tempo já derrubou...
   E sua criaçãozinha? mas você não comeu toda
      quando o legume faltou?...

"Lá mesmo na sua terra, quem se lembra de você?
   — "Aquelle foi embarcado... morreu ou ficou por lá"...
"Vá! só leva a sezão que apanhou por aqui,
   e a saudade de sua cunhã acreana,
      dos seus currumins caboclos,
   que eu tambem tomo pra mim..."

            x   x   x

      A resposta, qual seria?
   Insolente e audacioso,
      mostrou-lhe a ponta da lingua,
      mostrou-lhe a ponta da faca...

            x   x   x

   E na lucta pela terra
      o seanne fez mais um pouco
      que tudo aquillo que os livros contam
      na grande lucta dos heroismos...

045　　　e agora os bichos se amoitam com receio do seu rifle,
　　　　　　　com medo do seu terçado.⁴

　　　　　Vá! Volte pra sua terra! Volta pior do que veio...
　　　　　numa proa de navio, tão magro, tão empambado!
　　　　　　　Chegando lá, que é que acha?
050　　　　　A ramada do roçado, já queimaram nas coivaras;⁵
　　　　　　　　sua barraca de taipa,⁶ o tempo já derrubou...
　　　　　　　E sua criaçãozinha? Mas você não comeu toda,
　　　　　　　　quando o legume faltou?...

　　　　　Lá mesmo na sua terra, quem se lembra de você?
055　　　'— Aquele foi embarcado... morreu ou ficou por lá...'
　　　　　Vá! Só leve a sezão que apanhou por aqui
　　　　　　　e a saudade de sua cunhã⁷ acreana,
　　　　　　　　dos seus curumins⁸ caboclos,
　　　　　　　que eu também tomo pra mim..."

　　　　　　　　　　—

060　　　　　A resposta, qual seria?
　　　　　　　　Insolente e audacioso,
　　　　　　　　　mostrou-lhe a ponta da língua,
　　　　　　　　mostrou-lhe a ponta da faca...

　　　　　　　　　　—

　　　　　　　E, na luta pela terra,
065　　　　　o cearense fez mais um pouco
　　　　　　　que tudo aquilo que os livros contam
　　　　　　　na grande lista dos heroísmos...

Ah! o horror das trincheiras parecidas
a sepulturas encarrilhadas num zig-zag macabro!
nos matagaes doentios, onde as malitas tem casa,
e devoram mais vidas do que as balas...
nos combates lá no rio, na casca fragil das montarias,
e que sempre acabavam em festim de Jacarés...

    x   x   x

Pobre dono escorraçado! chorava de fazer dó!
E o Barão do Rio Branco teve pena,
e deu-lhe pra consolo, um bocado de libras esterlinas...
e elle, agarrou ~~do dinheiro~~
    e foi brincar de cara ou crôa...

Ah! O horror das trincheiras parecidas
a sepulturas encarrilhadas num zigue-zague macabro!...
Nos matagais doentios, onde as maleitas têm casa
e devoram mais vidas do que as balas,
nos combates lá no rio, na casca frágil das montarias,
e que sempre acabavam em festim de jacarés...

―

Pobre dono escorraçado! Chorava de fazer dó!...

E o barão do Rio Branco[9] teve pena
e deu-lhe, pra consolo, um bocado de libras esterlinas...
e ele agarrou no dinheiro
e foi brincar de cara ou coroa...

Nascimento

Nascimento era preto e era pobre...

Mal um barco ancorava lá' longe,
acorria, a voar na jangada,
receber o que vinha da Côrte distante:
— grandes fardos de panno, que escondiam no seio a ri-
[queza das sedas;
largas donas de saia rodada, temerosas das furias do mar;
os doutores illustres, que guardavam em canudos de lata
[os seus rotulos de sabios;
a farinha do reino, ensaccada de branco
que ao descer dos guindastes de bordo
empoava os canoeiros, caiando as caras mulatas, virando-os em
[papangús...

Outras vezes, porém, era a terra a fazer as remessas...
E, ai! junto aos cruzetes de couros salgados,
junto aos fardos immensos de pluma,
embarcavam tambem pobres negros vendidos...

E os gemidos coturnos dos pretos,
e o alarido das mais que ficavam — na praia,
e estendiam o negrume comprido dos braços,
como serras sombrias,
e, quem sabe? a saudade talvez de uns amores mulatos
que se foram perder numa feira do sul,

Nascimento[1]

Nascimento era preto e era pobre...

Mal um barco ancorava lá longe,
acorria a voar na jangada,
receber o que vinha da Corte distante:
005   grandes fardos de pano, que escondiam no seio a riqueza
                                    [das sedas;
        frágeis donas de saia rodada, temerosas das fúrias do mar;
os doutores ilustres, que guardavam em canudos de lata os
                                    [seus rótulos de saber;
    a farinha do reino, ensacada de branco,
que, ao descer dos guindastes de bordo,
010 empoava os canoeiros, caiando as caras mulatas, virando-os
                                    [em papangus...[2]

        Outras vezes, porém, era a terra a fazer as remessas...
            E ai! Junto aos montes de couros salgados,
junto aos fardos imensos de pluma,
embarcavam também pobres negros vendidos...

015   E os gemidos soturnos dos pretos
e o alarido das mães que ficavam na praia
e estendiam o negrume comprido dos braços,
            como rezas sombrias,
e – quem sabe? – a saudade talvez de uns amores mulatos,
020   que se foram perder numa feira do Sul,

tudo lhe trespassava o coração do jangadeiro
como o ferro do anzol na goela dum peixe...

E pouco a pouco foi formando a teia imensa dum projecto,
como quem tece malhas finas de tarrafa
de uma em uma...
E convocou os jangadeiros da praia,
os donos das aves de páu, com asas brancas de panno,
os leva-e-traz de terra e mar...
E no meeting que as ondas applaudiam
batendo palmas na areia branca,
ouviu-se a jura solemne:
"Nunca mais a sombra preta de um captivo
mancharia a consciencia branca de suas velas!
"Nunca mais o desespero da rez negra
pesariam na carga das jangadas!
"Nunca mais suas mãos receberiam
as patacas do senhor branco,
que eram o preço da lida infamante!
"Nunca mais as mães negras
assombrariam a gaforinha enfarinhada pelo tempo
gemendo pela cria arrebatada!"

Os jangadeiros juraram
e cumpriram o juramento.
E foi assim que acabou o vae-e-vem tragico da
 mercadoria negra...

* * *

Luanda, a 13 de maio

tudo isso trespassava o coração do jangadeiro
como o ferro do anzol na goela dum peixe...

E pouco a pouco foi formando a teia imensa dum projeto,
como quem tece malhas finas de tarrafa³
025   de uma em uma...
E convocou os jangadeiros da praia,
os donos das aves de pau, com asas brancas de pano,
        os leva e traz de terra e mar...
        E, no *meeting* que as ondas aplaudiam,
030   batendo palmas na areia branca,
            ouviu-se a jura solene:
Nunca mais a sombra preta de um cativo
mancharia a consciência branca de suas velas!
Nunca mais o desespero da rês negra
035   pesaria na carga das jangadas!
Nunca mais suas mãos receberiam
as patacas do senhor branco,
        que eram o preço da leva infamante!
Nunca mais as mães negras
040 assanhariam a gaforinha⁴ enfarinhada pelo tempo,
        gemendo pela cria arrebatada!

    Os jangadeiros juraram
        e cumpriram o juramento,⁵
    e foi assim que acabou o vaivém trágico da mercadoria negra...

            —

045   Quando, a 13 de Maio,

A Regente theatral e generosa,
acabou,nos dominios do mundo o reinado do relho,
Nascimento,ao saber da bôa nova,
murmurou,batendo a cinza do cachimbo
num páo humedecido da jangada:
- "Você andou mais devagar do que eu,Princeza..."

* O manuscrito reproduzido nesta edição não contém a continuação do poema. Adotamos outro original como texto-base para os versos 46-51 de "Nascimento" (cf. "Critérios para fixação de texto e notas", pp. 145-153).

a Regente teatral e generosa[6]
acabou, nos domínios do mundo, o reinado do relho,
Nascimento, ao saber da boa nova,
murmurou, batendo a cinza do cachimbo
num pau umedecido da jangada:
"– Você andou mais devagar do que eu, Princesa..."[7]

Cedro

— Um dia
os homens que fazem as leis e governam os dinheiros
ouviram dizer que o Ff estava incinerando o povo do Nordeste.
E então, pela primeira vez, tiveram pena...
O bom Velhinho, de barba branca que ainda usava a
                                               coroa na cabeça,
          perguntou aos sabios do Imperio:
— "Qual é o meio de prender a agua do céo
   que foge ao chão do Norte?..."
          Os conselheiros prudentes
cofiando os bigodes illustres, remexendo na sciencia engavetada,
              disseram muita bobagem...
Mas tinha um mais atilado
que já ouvira fallar em lagos artificiaes,
e suggeriu vagamente a sua vaga noção...

        — Foi a gemea do movimento...
E o excellente Velhinho, no seu throno
arranjou um boccado de dinheiro
         limpou o encalheiro,
         e gritou:
— Vocês querem comer? Ahi vae dinheiro!
— Querem tambem beber? — Pois façam açudes!
        Por ahi vae Dr Revy!"
E jogando ao Nordeste sedento e faminto
um punhado de libras e uma leva de technicos

Cedro[1]

    Um dia,
os homens que fazem as leis e governam os dinheiros
ouviram dizer que o Setenta e Sete estava incinerando o povo do
                                  [Nordeste.
    E então, pela primeira vez, tiveram pena...
O bom velhinho, de barba branca, que ainda usava a coroa na cabeça,[2]
        perguntou aos sábios do Império:
    "– Qual é o meio de prender a água do céu,
        que foge do chão do Norte?..."
    Os conselheiros prudentes,
cofiando os bigodes ilustres, remexendo na Ciência engavetada,
        disseram muita bobagem...
Mas tinha um mais avisado,
que já ouvira falar em lagos artificiais
e sugeriu vagamente a sua vaga noção...[3]

    Foi a gênese do movimento...
E o excelente velhinho, no seu trono,
arranjou um bocado de dinheiro,
    limpou o mealheiro
    e gritou:
"– Vocês querem comer? Aí vai dinheiro!
Querem também beber? Pois façam açudes!

    Aí vai Dr. Revy!!"[4]
E, jogando ao Nordeste sedento e faminto
um punhado de libras e uma leva de técnicos,

foi-se arrumar para um passeio á Europa...

* * *

Lentamente, pedra a pedra, a barragem gigante foi-se
[erguendo...
Já' se alteia entre os cerrotes de granito...
Já' o jacto d'agua dos riachos
estaciona ante a barreira e forma um lago...
e sobe... sobe... SOBE...
e depois adormece
reclinado no collo dos cerrotes,
como um convalescente em cura de repouso...

Ah! a agua!
Foi a voluvel, a eterna fugitiva
prisioneira,
encarcerada,
no immenso arco de pedra que a rodeia!...

* * *

O bom Velhinho, ingenuo e corado,
viu o progresso de sua obra
da corte longinqua
bateu palmas contentes...

* * *

E o Pedro grandioso
grita, a se remirar no seu paredão alto,
nos seus mosaicos
nos correntões que pendem em marcos de granito:

025   foi-se arrumar para um passeio à Europa...

—

Lentamente, pedra a pedra, a barragem gigante foi-se erguendo...
Já se alteia entre os serrotes[5] de granito...
    Já o jato d'água dos riachos
        estaciona ante a barreira e forma um lago...
030   e sobe... sobe... sobe...
    e depois adormece,
reclinado no colo dos serrotes,
como um convalescente em cura de repouso...

    Ah! A água!
035   Eis a volúvel, a eterna fugitiva
        prisioneira,
            encarcerada,
no imenso arco de pedra que a rodeia!...

—

O bom velhinho, ingênuo e corado,
040   viu o progresso de sua obra
    da corte longínqua,
    bateu palmas contentes...

—

    E o Cedro grandioso
grita, a se remirar no seu paredão alto,
045   nos seus mosaicos,
nos correntões que pendem em marcos de granito:

"— Cearense mendicante!
Olha pra mim! Vê como eu sou bonito!
  Pesca meus peixes!
  Alonga-me os canaes!
  Cultiva-me as vázantes!
Bebe e venera em mim a memoria gloriosa
de S. M. o Imperador!

"– Cearense mendicante!
Olha pra mim! Vê como eu sou bonito!
Pesca meus peixes!
Alonga-me os canais!
Cultiva-me as vazantes!
Bebe e venera em mim a memória gloriosa
de s.m. o Imperador!"

Orós

A yara que mora no Cedro
ás vezes surgia, banhando nas aguas
profundas o verde cabello liuso, e can-
tava com doce toada cantigas assim:

"Quem fez um lago,
grande e bonito,
porque não faz um outro
maior e mais bonito?..."

* * *

Estimulados pela voz promettedora
corremos a fazer o outro lago...
Cedo, porém, a animação virou desgosto...
— Quem, dentro da terra,
    saberia conter as correntezas loucas?
        quem saberia
o x da argamassa que reune as pedras,
o segredo das machinas que chacinam montanhas,
o mysterio das barragens que luctam peito a peito com as
                                                [torrentes?
    Ah! os technicos do Imperador!

E depois, quem, dentro da terra,
teria um pé de meia tão bem cheio

Orós[1]

A Iara que mora no Cedro
às vezes surgia, banhando nas águas
profundas o verde cabelo limoso, e can-
tava com doce toada cantigas assim:

005 "– Quem fez um lago,
grande e bonito,
por que não faz um outro
maior e mais bonito?..."

Estimulados pela voz prometedora,
010 corremos a fazer o outro lago...

Cedo, porém, a animação virou desgosto...
    Quem, dentro da terra,
        saberia conter as correntezas loucas?
    Quem saberia
015 o x da argamassa que reúne as pedras,
segredo das máquinas que chacinam montanhas,
o mistério das barragens, que lutam peito a peito com as torrentes?
    Ah! Os técnicos do Imperador!

    E, depois, quem, dentro da terra,
020 teria um pé-de-meia tão bem cheio,

que custasse a magica mecanica dos engenheiros?
Ih! o mealheiro do Imperador!...

            x x x

A dor pela illusão desvanecida
clamou tão alto que a ouviu o caboclo nortista
que se sentava ao esse tempo no trono verde e amarello...
        E elle tambem teve pena
            e fez chegar outra esmola...
e chamou homens louros da Norte America
que vieram de camisetas, de chapéo de cortiça, e cachimbo no queixo
        substituir os technicos do Imperador...

    E elles chegaram aqui, e fizeram uma estrada
    e foram todos de automovel pra os Orós.
    E metteram nos bolsos das camisetas de listas
        o dinheirão do governo.

    E os bolsos, tão pequeninos!
— mal cabiam uma caixa de phosphoros!
— os taes bolsinhos não se enchiam nunca...
    Eram infinitos interminaveis
        como vereda de curupira...

E o dinheiro que é só quem move as machinas,
não deu pra quebrar as pedras,...
pra agarrar o corpo esguerento do rio
e o trancar no calabouço das comportas...
        foi-se embora todinho
            como agua do inverno

que custeasse a mágica mecânica dos engenheiros?
Ah! O mealheiro do Imperador!...

—

A dor pela ilusão desvanecida
clamou tão alto, que a ouviu o caboclo nortista[2]
que se sentava a esse tempo no trono verde e amarelo...
E ele também teve pena
e fez chegar outra esmola...
e chamou homens louros da Norte América,[3]
que vieram de camisetas, de chapéu de cortiça e cachimbo no queixo
substituir os técnicos do Imperador...

E eles chegaram aqui e fizeram uma estrada
e foram todos de automóvel pra os Orós.
E meteram nos bolsos das camisetas de listas
o dinheirão do Governo.

E os bolsos, tão pequeninos!
Mal cabiam uma caixa de fósforos!
Os tais bolsinhos não se enchiam nunca...
Eram infinitos, intermináveis
como vereda de Curupira...

—

E o dinheiro, que é só quem move as máquinas,
não deu pra quebrar as pedras...
pra agarrar o corpo esgueirento do rio
e o trancar no calabouço das comportas...
foi-se embora todinho,
como água do inverno

que arce de alto a baixo pelas grotas...

× × ×

Mas, felizmente, pelo pouco que fizeram
a gente viu que tinha na terra
            quem tomasse o compromisso da empreitada.

E gritamos pra o Cattette:

      "Senhor presidente!
Que é do serviço dos americanos?
  Elles só quiseram agarrar o dinheiro.
Só nos deixaram o defunto mister Shelp.
      Coitadinho!
Tomou cearense por negro americano
e morreu do empurrão da faca de um caboclo...

      Mande mais uns cobres, Sr presidente
deixe os trens andarem carregando cimento
e a gente mesmo faz os Orós...

× × ×

            E agora, na noites claras, no Cedro immenso,
        a linda yara de tranças verdes, cantará
        a cantiga differente:

"Quem tinha o Cedro,
    grande e bonito,
  soube fazer o Orós, livre de americanos,
muito maior e muito mais bonito..."

———

    que desce de alto a baixo pelas grotas...

—

  Mas, felizmente, pelo pouco que fizeram,
a gente viu que tinha na terra
    quem tomasse o compromisso da empreitada.

050 E gritamos pra o Catete:⁴
"– Sr. Presidente!⁵
Que é do serviço dos americanos?
  Eles só quiseram agarrar o dinheiro...
Só nos deixaram o defunto *mister* Shelp...⁶
055 Coitadinho!
Tomou cearense por negro americano
e morreu do empurrão da faca de um caboclo...

  Mande mais uns cobres, Sr. Presidente,
deixe os trens andarem carreando cimento,
060 e a gente mesmo faz os Orós..."

—

    E agora, nas noites claras, no Cedro imenso,
    a linda Iara de tranças verdes cantará
    a cantiga diferente:

  "– Quem tinha o Cedro,
065 grande e bonito,
  soube fazer o Orós, livre de americanos,
muito maior e muito mais bonito..."

Meu padrinho

Meu padrinho...
                    É já velhinho, bem velhinho!
mas tem a alma tão fresca quanto a flor do agua-pé
                              [quando abre de noite.
De tão curvado lembra uma interrogação...
mas tem o espirito empinado como uma exclamação energica...
Anda de preto como a visagem de um condemnado...
mas tem o coração tão branco
        quanto o vestido branco de Nossa Senhora...

Meu padrinho — só elle! — soube entender o caso do Nor-
                                            [deste.
    Meu padrinho conhece a alma do cangaceiro
como eu conheço a Fortaleza enrolada:
    — recanto por recanto,
    calçada por calçada...

    — Do Seminario foi pra o Cariry —
Chegou, — face de illuminado, alma de combatente
    ainda não era "o meu padrinho."
A sorrir dentro as pregas da humildade e da sotaina,
        todo brandura e mansidão,
era apenas: "Aquelle padre novo, o Cicero Romão"...

Quem já viu furna de onça,
dá por visto o Cariry...
    Ali, vale quem pode...

Meu padrinho[1]

Meu padrinho...
É já velhinho, bem velhinho!
Mas tem a alma tão fresca quanto a flor do aguapé, quando abre
[de noite.
De tão curvado, lembra uma interrogação...
mas tem o espírito desempenado como uma exclamação enérgica...
Anda de preto como a visagem de um condenado...
mas tem o coração tão branco
quanto o vestido branco de Nossa Senhora...

Meu padrinho – só ele! – soube entender o caso do Nordeste.
Meu padrinho conhece a alma do cangaceiro,
como eu conheço a Fortaleza ensolarada:
recanto por recanto,
calçada por calçada...

Do seminário, foi pra o Cariri.
Chegou – face de iluminado, alma de combatente –,
ainda não era "o meu padrinho..."
A surdir dentre as pregas da humildade e da sotaina,
todo brandura e mansidão,
era apenas:
"– Aquele padre novo, o Cícero Romão..."

Quem já viu furna de onça
dê por visto o Cariri...
Ali, vale quem pode...

O respeito se mede,
pelo tamanho das facas,
pelo conteúdo das cartucheiras...

E meu padrinho, heroico, idealista e santo,
reproduziu o conto bíblico,
que as historias sagradas contam
~~com~~ ~~lucidez~~ ~~bíblicas~~ com lucentes gravuras coloridas:
"O propheta na curva? dos ceos"...

– ~~Cumpre~~ de ser estracalhado,
elle foi mais que respeitado: – foi amado...

E nos casebres, e na feira, e nos leitos de morte
ou de junto do altar de sua igreja
foi estendendo irradiações do coração
como uma aranha bemfazeja....

* * *

Já meio seculo tem meu padrinho de cuetes
                                    cingento.

A antiga furna
é o Joazeiro civilisado,
    com ruas calcetadas,
    com luz electrica,
com gente mansa que passeia á luz do sol, é
            [luz da lua sem receio de
                        emboscadas...

E ás vezes...
        – quem já foi onça
nunca se esquece de dar dentada –...
e acontece que a desgraça, é feita.

O respeito se mede
025 pelo tamanho das facas,
    pelo conteúdo das cartucheiras...

    E meu padrinho, heroico, idealista e santo,
reproduziu o conto bíblico
que as histórias sagradas contam
030 com luzentes gravuras coloridas:
    "o profeta na cova dos leões..."[2]
Em vez de ser estraçalhado,
ele foi mais que respeitado: foi amado...

    E nos casebres, e na feira, e nos leitos de morte
035 ou de junto do altar de sua igreja,
    foi estendendo irradiações do coração
        como uma aranha benfazeja...

―

Já meio século tem meu padrinho de luta ingente.
    A antiga furna
040 é o Juazeiro civilizado,
        com ruas calcetadas,
        com luz elétrica,
com gente mansa que passeia à luz do sol, à luz da lua sem receio de
045   [emboscadas...

    E às vezes...
        – quem já foi onça
nunca se esquece de dar dentada... –
e acontece que a desgraça é feita,

e meu padrinho chega tarde...
Muitas vezes, porém o punhal ainda está pingando sangue,
e o criminoso cáe de joelhos beijando a roupa
 de meu padrinho...
 "Me perdôe, meu padrinho, me perdôe!
Nunca mais pego em faca!"

× × ×

Como elle está assim velhinho
 fizeram um meu padrinho,
lá pela Europa, todo de bronze, que nunca morre...
E quando o de verdade for embora,
 dormir sobre o cansaço da labuta feita,
o outro ficará, rezando e abençoando,
 na grande praça,
lá na cidade de sua gloria...

× × ×

Meu Irmão do Sul,
 antes de me abraçar,
 tire o chapéo e beije a mão de meu padrinho...

———

e meu padrinho chega tarde...

Muitas vezes, porém, o punhal ainda está pingando sangue,
e o criminoso cai de joelhos, beijando a roupa
                    de meu padrinho...
    "– Me perdoe, meu padrinho, me perdoe!
    Nunca mais pego em faca!"

——

Como ele está assim velhinho,
        fizeram um meu padrinho,

lá pela Europa, todo de bronze, que nunca morre...
    E, quando o de verdade for embora,
    dormir sobre o cansaço da labuta feita,
    o outro ficará rezando e abençoando,
        na grande praça,
        lá na cidade de sua glória....³

——

    Meu Irmão do Sul,
    antes de me abraçar,
        tire o chapéu e beije a mão de meu padrinho...

Lampeão

Os Rolduões, os Tartarins, os Lampeões,
uns — faca, cartucheira, espingarda, fusil,
outros de arnez luzente, elmo, penacho e guantes,
são o sarampo das nações novas:
        — fataes e vaccinantes.

   Lampeão
é o heróe bandido travestido á perfeição...
apenas, em lugar do bacamarte,
    só usa fusil Mauser,
            e não dispensa os oculos...

"O Terror do Nordeste brasileiro"
"A féra sanguinaria dos sertões..."
São os letreiros rubrejantes dos placards,
é a gritalhada escandalosa dos pregões...
— Lampeão pra vocês, super-civilisados
    é um vulgar pikpocket- assassino,
        um jagaço banal,
igual aos taes villões de fita americana...

   Vocês esquecem
que a raça é tudo, que o meio é tudo!
   Lampeão foi criado
          vendo beber sangue de gente com cachaça...
Vendo darem facada com o recado:
       — tá aqui
           que D. Federalina mandou...

Lampião[1]

   Os Roldões, os Tartarins,[2] os Lampiões,
uns – faca, cartucheira, espingarda, fuzil –,
outros de arnês luzente, elmo, penacho e guantes,[3]
   são o sarampo das nações novas:
    fatais e vacinantes...

   Lampião
   é o herói bandido travestido à perfeição...
apenas, em lugar do bacamarte,
   só usa fuzil Mauser
      e não dispensa os óculos...

"O terror do Nordeste brasileiro",
"A fera sanguinária dos sertões..." –
São os letreiros negrejantes dos *placards*,
é a gritalhada escandalosa dos pregões...
   Lampião pra vocês, supercivilizados,
    é um vulgar *pickpocket* – assassino –;
     um tarado banal,
igual aos tais vilões de fita americana...

   Vocês esquecem
   que a raça é tudo, que o meio é tudo!
   Lampião foi criado,
     vendo beber sangue de gente com cachaça...
Vendo darem facada com o recado:
   "– Tá aqui
     que D. Federalina mandou..."[4]

Elle tem a barbarie heroica dos cavalleiros de novella,
a generosidade heroica de um Quixote
            mais audaz e menos visionario...
Em minha terra é poeta
  quando o bando apparece equipado, a cavallo,
  espalhando moedas aos mendigos e ás igrejas,
  entoando em voz forte o hymno consagrado:

            "Eh! mulher rendosa!
            "Eh! mulher rendeira!

"As moças do Joaseiro
"não cozinham mais feijão
"passam o tempo na janella
"namorando o Lampeão...
            "Eh! mulher rendosa!
            "Eh! mulher rendeira!...
"Minha mãe me dê dinheiro
"Pra eu comprar um cinturão,
"pra fazer uma cartuchira
"e marchar com o Lampeão...
            "Eh! mulher rendosa!
           e"Eh! mulher rendeira!"

E agora, uma *historia*:
  Quero que você veja o Lampeão
    como cabra valente que elle é...
  — Braza-Viva,
(os pares de Lampeão têm seus nomes de guerra:
Cara-Branca, Vinte e dois, Braza-Viva, Banda-Preta.)
  Braza viva formava á frente dos valentes:
  só conhecia uma autoridade: a sua faca.

Ele tem a barbárie heroica dos cavaleiros de novela,
a generosidade heroica de um Quixote
               mais audaz e menos visionário...
Em muita terra, é festa,
030   quando o bando aparece equipado, a cavalo,
  espalhando moedas aos mendigos e às igrejas,
entoando em voz forte o hino consagrado:

         "– Eh! Mulher rendosa!
         Eh! Mulher rendeira!

035   As moças do Juazeiro
não cozinham mais feijão,
passam o tempo na janela,
namorando o Lampião...[5]

         Eh! Mulher rendosa!
040   Eh! Mulher rendeira!...

Minha mãe, me dê dinheiro
Pra eu comprar um cinturão,
pra fazer uma cartucheira
e marchar com o Lampião...[6]

045   Eh! Mulher rendosa!
         Eh! Mulher rendeira!"
         ———

E agora uma história.
    Quero que vocês vejam o Lampião
    como cabra valente que ele é...

050   Brasa Viva
(os pares de Lampião têm seus nomes de guerra:
Asa Branca, Vinte e Dois, Brasa Viva, Banda Preta),
    Brasa Viva formava à frente dos valentes;
    só conhecia uma autoridade: a sua faca;

só attendia a uma disciplina: o seu capricho...
Considerava chefe, autoridade, mando,
    abstracções inúteis.

"—Pensa que eu tenho medo de você, chefe?
Se é' homem corra dentro!
    Eu gosto de lustrar a minha faca
        com azeite de Lampeão..."

    O duello fatal realisou-se:

— não se viam das facas
senão o perpassar coruscante do aço.
Só se ouvia o sibilar dos luctadores...
Já' o sangue lhes cobria as caras arquejantes
tatuando de listas encarnadas
    a mescla azul das roupas..
    E a mascara sanguinea
        os disfarçava,
        os encobria,
        os irmanava...
e os cangaceiros diziam olhando os contendores
                        confundidos:
—Qual é' que é' o chefe?
  E qual é' Braza-Viva?..

        De repente,
a faca de um fateia e luz no ar
e se enterra no ventre do outro até' ao cabo...
    O vencido ajoelha
    cai, a escabujar numa poça de sangue...

                só atendia a uma disciplina: o seu capricho...
Considerava chefe, autoridade, mando
                abstrações inúteis...

                —

        "– Pensa que eu tenho medo de você, chefe?
                Se é 'home', corra dentro!
                    Eu gosto de lustrar a minha faca
                        com azeite de Lampião..."

                —

        O duelo fatal realizou-se:

não se via das facas
senão o perpassar coriscante do aço.
    Só se ouvia o sibilar dos lutadores...
    Já o sangue lhes cobria as caras arquejantes,
        tatuando de listas encarnadas
            a mescla azul das roupas...
                E a máscara sanguínea
                    os disfarçava,
                    os encobria,
                    os irmanava...
e os cangaceiros diziam, olhando os contendores
                                confundidos:
    "– Qual é que é o chefe?
E qual é Brasa Viva?..."

        De repente,
a faca de um tateia e luz no ar
e se enterra no ventre do outro até ao cabo...
        O vencido ajoelha
e cai, a escabujar numa poça de sangue...

Mas eis que o vencedor fraqueja num desmaio,
e tomba como outro,
dentro do mesmo lamaçal sangrento...
. . .
—"Só se lavando a cara delles
a gente pode ver qual foi que morreu..."
. . .
—"VIVA O CHEFE!!!"

—Lampeão cambaleante
vae tambem ver o morto emborcado no sangue...
Fal-o rolar com o pé, commiserado:
—"E' o diabo!
foi pena que eu matasse
o cabra mais valente do meu bando"...

---

* O manuscrito reproduzido nesta edição não contém a continuação do poema. Adotamos como texto-base para os versos 82-93 a versão de "Lampião" publicada na revista *Cipó de Fogo* (cf. "Critérios para fixação de texto e notas", pp. 145-153).

　　　　Mas eis que o vencedor fraqueja num desmaio
　　　　e tomba como o outro,
dentro do mesmo lamaçal sangrento...

"– Só se lavando a cara deles,
a gente pode ver qual foi que morreu...

– VIVA O CHEFE!!!"

Lampião cambaleante
vai também ver o morto emborcado no sangue...
Fá-lo ralar com o pé, comiserado:
"– É o diabo!
　　　　Foi pena que eu matasse
o cabra mais valente do meu bando..."[7]

Renda da Terra

Meu Irmão do Sul me dê sua mão.
　　Venha aqui commigo
Venha ouvir a cantiga daquella cabocla
que faz renda no alpendre, sentada no chão.

　　Ella é pequena e redonda
e gostava de botar flor no cabello.
hoje, ella gosta mais de trazel-o à la garçonne...
　　Não repare na saia curta que ella tem.
　　A caboda d'agora
mesmo de saia curta e de cabello curto,
é a mesma cabocla de saia comprida de trança...
　　Ouça a cantiga:

" Você era pequeno e amarello
　　e eu já gostava de você...
se sua mãe me tacava a chinella na bocca
　　mode você largar o vicio
eu chorava com pena de ver você chorar...
e ia brincar mais você mode você se consolar...
　　Era isso todo o dia... Você não largava o vicio...
a terra é tão ruiva e fresca, tão bôa de se comer!...

　　Depois, você ficou homem
　　e eu sempre a lhe querer bem...
　　Porque é que a gente não casa?
　　Se a barraca não está prompta

Renda da terra[1]

Meu Irmão do Sul, me dê sua mão.
Venha aqui comigo,
venha ouvir a cantiga daquela cabocla
que faz renda no alpendre, sentada no chão.

005   Ela é pequena e redonda
e gostava de botar flor no cabelo.
Hoje, ela gosta mais de trazê-lo à *la garçonne*...
Não repare na saia curta que ela tem;
a cabocla d'agora,
010 mesmo de saia curta e de cabelo curto,
é a mesma cabocla de saia comprida de trança...
Ouça a cantiga:

—

"– Você era pequeno e amarelo,
e eu já gostava de você...
015 se sua mãe lhe tacava a chinela na boca,

'mode' você largar o 'viço',[2]
eu chorava, com pena de ver você chorar...
e ia brincar mais você, 'mode' você se consolar...
Era isso todo o dia... você não largava o 'viço'...
020 a terra é tão ruiva e fresca, tão boa de se comer!...

Depois, você ficou homem,
e eu sempre a lhe querer bem...
Por que é que a gente não casa?
Se a barraca não está pronta,

-30-

a gente acaba depois...
Você amassando o barro
eu entupo os enchameios...

Eu lhe ajudo no roçado
poupo o milho no paiol;
do ganho das minhas rendas
eu tiro pra me vestir.
Você só fica obrigado é a me querer muito bem!...

E quando o inverno faltar
eu sigo a sua fortuna...

Eu não tenho medo de ganhar o mundo mais você
atraz de uma cuia de farinha,
de um cosinhado de feijão,
de um serenosinho de chuva...

Ah! se a gente casasse!
Eu havera de ser tão bôa como minha mãe foi pra meu pae,
como sua mãe foi pro seu,
como Deus Nosso Senhor ensinou que a gente fosse..."

...

Na cantiga da cabocla está toda alma da terra;
está essa renuncia de si mesma
que lá as mulheres de vocês não têm...
Porque ahi, para querer bem, não carece padecer...
Todo colono que chega já acha a casinha feita;
é só plantar sua roça, sem medo que a chuva falte,
tem legume toda a vida...

* O manuscrito reproduzido nesta edição não contém a parte final do poema. Adotamos outro original como texto-base para os versos 25-74 de "Renda da terra" (cf. "Critérios para fixação de texto e notas", pp. 145-153).

025   a gente acaba depois...
                Você amassando o barro,
                eu entupo os enxaméis...³

                Eu lhe ajudo no roçado,
                poupo o milho no paiol;
030   do ganho das minhas rendas,
                eu tiro pra me vestir.
     Você só fica obrigado é a me querer muito bem!...

                E, quando o inverno faltar,
                eu sigo a sua fortuna...

035   Eu não tenho medo de ganhar o mundo mais você
              atrás de uma cuia de farinha,
             de um cozinhado de feijão,
             de um serenozinho de chuva...

                Ah! Se a gente casasse!
040   Eu 'havera' de ser tão boa, como minha mãe foi pra meu pai,
               como sua mãe foi pro seu,
     como Deus Nosso Senhor ensinou que a gente fosse..."

                ——

            Na cantiga da cabocla, está toda a alma da terra;
     está essa renúncia de si mesma,
045   que lá as mulheres de vocês não têm...
     Porque aí, para querer bem, não carece padecer...
          Todo colono que chega já acha a casinha feita;
é só plantar sua roça, sem medo que a chuva falte,
           tem legume toda a vida...

Ah! vocês não conhecem as nossas rosas de amor !...
vermelhas como os lenços dos jagunços,
ardentes como o sól nos verões infindaveis,
profundas,immorredouras, como a saudade da terra
na tragedia nostalgica do exodo.

O encanto passional da ~~tenda~~ *linda* tabajara
não ficou sepultado
com o corpo que Martim enterrou sob a areia...
Veio encarnar-se na alma da cabocla,
-Nos seus labios
ha o mesmo mel que o doce nome indica;
nos seus braços
dorme toda a ternura de Iracema.

Sua alma,trabalhada no sobresalto ou no exilio,
sempre a chorar por alguem que foi e que não voltou:
- o marido,que,embarcado,Deus sabe lá o que é delle ?...
- um filho que ainda pequeno fugiu para não tornar, -
é como a trama da renda da terra,
que a rendeira rebate,e retorce,e pontilha de espinhos,
na ansia de endurecer a graça petulante de uma traça,
no afan de alindar mais o trocado do ponto de filó,
e sáe,tão fina, tão delicada, tão perfeita,
que vocês, meus Irmãos do Sul,
mandam buscal-a aqui,na barraquinha anonyma das varzeas,
pra ostental-a depois no meio de seu luxo...

...

050　　　　Ah! Vocês não conhecem as nossas rosas de amor!...
　　　　　　Vermelhas como os lenços dos jagunços,
　　　　　　ardentes como o sol nos verões infindáveis,
profundas, imorredouras, como a saudade da terra
na tragédia nostálgica do êxodo.

055　　　　O encanto passional da linda tabajara[4]
não ficou sepultado
com o corpo que Martim enterrou sob a areia...[5]
　　　　　　Veio encarnar-se na alma da cabocla;
　　　　　　　nos seus lábios,
060　há o mesmo mel que o doce nome indica;[6]
　　　　　　　nos seus braços,
dorme toda a ternura de Iracema.

Sua alma, trabalhada no sobressalto ou no exílio,
sempre a chorar por alguém que foi e que não voltou:
065　o marido, que, embarcado, Deus sabe lá o que é dele?...
Um filho, que ainda pequeno fugiu para não tornar,
　　　　　　é como a trama da renda da terra,
　　　　　　que a rendeira rebate, e retorce, e pontilha de espinhos,
　　　　　　　na ânsia de endurecer a graça petulante de uma traça,
070　no afã de alindar mais o trocado do ponto de filó;
e sai, tão fina, tão delicada, tão perfeita,
que vocês, meus Irmãos do Sul,
mandam buscá-la aqui, na barraquinha anônima das várzeas,
pra ostentá-la depois no meio de seu luxo...

NOTAS

APRESENTAÇÃO

1. Casimiro de Abreu (1839-1860), poeta do Romantismo brasileiro, autor de *As primaveras* (1859).
2. Primeiro verso de "Vozes d'África", do poeta baiano romântico Castro Alves (1847-1871).
3. Valsa da peça homônima, escrita por Octave Feuillet (1821-1890). Foi encenada no Brasil por Furtado Coelho (1831-1900) em 22 de fevereiro de 1874, na então província de Rio Grande. "Dalila" consagrou-se como um dos fundos musicais mais executados em recitativos.
4. Poema de Gonçalves Dias (1823-1864).
5. Primeiro verso de "O poeta e a fidalga", modinha de Manoel Evêncio da Costa Moreira (1874-1960), o Cadete.

NHEENGARÊÇAUA

1. Nheengarêçaua significa "cantoria" em nheengatu, dialeto de intercâmbio no Amazonas que se desenvolveu a partir do tupi. (EDELWEISS, Frederico G. *Estudos tupis e tupis-guaranis: confrontos e revisões*. Rio de Janeiro: Livraria Brasiliana Editora, 1969, p. 9.)

D. BÁRBARA DE ALENCAR

1. Bárbara Pereira de Alencar (1764-1831), matriarca e heroína histórica. Pernambucana, mudou-se para a cidade de Crato (CE), de onde participou da Revolução Pernambucana (1817), movimento antilusitanista deflagrado no Recife, que se alastrou por Alagoas, Paraíba, Rio Grande do Norte e Ceará. Participou também da Confederação do Equador (1823), insurreição que "deveria reunir sob forma federativa e republicana, além de Pernambuco, as províncias da Paraíba, Rio Grande do Norte, Ceará e, possivelmente, Piauí e Pará". (FAUSTO, Boris. *História concisa do Brasil*. São Paulo: Edusp/Imprensa Oficial do Estado, 2001, p. 82.)
2. Caracterização de d. Pedro I (1798-1834). Retratado pelos historiadores como homem de comportamento extravagante, o imperador ficou conhecido também por seus relacionamentos extraconjugais.
3. Verso do "Hino liberal", composto por d. Pedro I e muito executado no Primeiro Império pelas bandas militares para celebrar o patriotismo português.
4. Referência à participação de Bárbara de Alencar, que lutou ao lado dos filhos na Confederação do Equador.
5. Referência aos dois filhos de Bárbara de Alencar: José Martiniano Pereira de Alencar

(1794-1860), pai do escritor José de Alencar (1829-1877), e Tristão Gonçalves Pereira de Alencar (1789-1825). O primeiro liderou no Ceará a Revolução Pernambucana, e o segundo presidiu a então província do Ceará durante a Confederação do Equador.

6. Na obra indianista de José de Alencar, tio-avô de Rachel de Queiroz, as penas vermelhas aparecem associadas à ideia de bravura. Peri, chefe dos goitacás, usa flechas de plumagem vermelha para advertir viajantes desavisados. Iracema, a virgem tabajara, carrega setas vermelhas e pretas em sua aljava. E Ubirajara, guerreiro araguaia, ganha de Araci um cocar de penas vermelhas.
7. Saiote de penas usado por mulheres indígenas.
8. Segundo o historiador Pedro Thèberge (1811-1864), Bárbara de Alencar, Tristão e José Martiniano ficaram presos numa masmorra da fortaleza de Nossa Senhora da Assunção do Ceará, como punição pelo envolvimento na Revolução Pernambucana.
9. Santa Rosa situava-se na região inundada pelas águas do açude Castanhão, em Alto Santo (CE). Tristão foi ali esquartejado pelas forças imperiais no desfecho da Confederação do Equador.

O ÊXODO

1. Rachel de Queiroz reaproveitou os versos 01-15 deste poema como epígrafe da primeira edição de *O Quinze* (1930).
2. A seca de 1877, em que, segundo Rodolpho Theóphilo, morreram 65.163 pessoas, inspirou Guerra Junqueiro a escrever o poema "A fome no Ceará", que se encerra com os versos *"Morrer de fome alguém, pedindo esmola/ Na mesma língua em que a pediu Camões!"*. Dessa época, é famosa a frase que teria dito d. Pedro II: "Venda-se a última pedra da Coroa, contanto que não morra de fome nenhum cearense".
3. Personagem bíblica a quem os amonitas sacrificavam recém-nascidos numa fogueira.
4. Maranguape e Quixadá, municípios do Ceará localizados respectivamente a 30 e 167 quilômetros da capital, Fortaleza. Segundo Rachel de Queiroz, "Quixadá, na língua dos indígenas da região, quer dizer 'curral de pedra'". De origem controversa, a palavra "Quixadá" não tem significado exato, de acordo com *O tupi na geografia nacional*, de Teodoro Sampaio. A versão popular, adotada pela escritora, associa o significado da palavra aos monólitos da paisagem local.
5. As secas de 1888 e 1915 acabaram respectivamente em 1889 e 1916.
6. Vegetação que brota logo após a seca.
7. Nordestinos que migravam para a Amazônia para trabalhar nos seringais.
8. Brincos enfeitados com um único brilhante.
9. Quixeramobim e Crato, municípios do Ceará localizados respectivamente a 203 e 588 quilômetros de Fortaleza.

O ACRE

1. Mulheres indígenas guerreiras do Amazonas. O termo consagrou-se na literatura brasileira com o capítulo "Carta pras icamiabas" de *Macunaíma* (1928), de Mário de Andrade (1893-1945).
2. Provérbio popular cearense recolhido por Leonardo Mota. (*Cantadores: poesia e linguagem de sertão cearense*. Belo Horizonte: Itatiaia, 1987, p. 94.)
3. Seringueiro novato e inexperiente.
4. Facão largo.
5. Queimadas para limpar terreno.
6. Parede feita de barro amassado.
7. Mulher jovem.
8. Menino.
9. José Maria da Silva Paranhos Júnior (1845-1912), diplomata, geógrafo e historiador. Recebeu em 1888 o título de barão do Rio Branco.

NASCIMENTO

1. Francisco José do Nascimento (1839-1914), o Dragão do Mar, jangadeiro que participou do Movimento Abolicionista do Ceará. Negou-se a transportar, em suas jangadas, negros que os senhores escravistas cearenses vendiam para o sul do país a fim de livrar-se do aumento do imposto sobre a propriedade de escravos.
2. Pessoas que se enfeitam com fantasias ou máscaras em carnavais e reisados.
3. Rede de pesca.
4. Cabelo em desalinho.
5. "Nesta terra não embarca mais cativo." Com estas palavras, o Dragão do Mar teria convocado os jangadeiros a não embarcar mais escravos do Ceará para outros Estados. (Cf. QUEIROZ, Rachel de. "O Dragão do Mar e outros dragões", crônica publicada em *O Jornal*, 25.03.1945).
6. Alusão à princesa Isabel (1846-1921), regente do Brasil quando decretou a Lei Áurea, de 13 de maio de 1888, abolindo a escravidão no país.
7. Segundo o historiador Raimundo Girão, Sátiro de Oliveira, presidente da então província do Ceará, declarou em 25 de março de 1884: "A província do Ceará não possui mais escravos!". Embora sem valor de decreto, "eram palavras que se pronunciavam com o vigor e substância das frases que ficam no bronze da História". ("A declaração". *In: Revista do Instituto do Ceará*. Fortaleza. Tomo especial de 1984, p. 29.)

CEDRO

1. Açude com capacidade de 125.694.000 m³ situado em Quixadá (CE).
2. Alusão a d. Pedro II, que tinha aproximadamente 52 anos quando ordenou a construção do açude do Cedro.
3. A construção de açudes na região foi sugerida pelo engenheiro Ernesto Antônio Lassance Cunha, que indicou o Boqueirão do Cedro (CE) para a construção do Cedro.
4. Jules Jean Revy, engenheiro inglês que, em 1882, planejou o açude do Cedro e coordenou a construção de uma estrada de acesso à região.
5. Pequenas colinas.

ORÓS

1. Açude com capacidade de 2.100.000.000 m³ situado no município de Orós (CE).
2. O caboclo nortista é Epitácio Pessoa (1865-1942), natural de Umbuzeiro (PB); presidente do Brasil de 1919 a 1922.
3. Epitácio Pessoa contratou a empresa norte-americana Dwight P. Robinson para a construção do Orós, iniciada em 1921.
4. Palácio do Catete, sede da Presidência da República, situado no bairro do Catete, no Rio de Janeiro, até a transferência da capital do Brasil para Brasília, em 1960.
5. O presidente do Brasil nessa época era Artur Bernardes (1875-1955), que governou o país de 1922 a 1926. A construção do Orós foi interrompida em 1924 e somente concluída em 1961, na presidência de Juscelino Kubitschek (1902-1976).
6. Nome pelo qual ficou conhecido o engenheiro da Dwight P. Robinson.

MEU PADRINHO

1. Cícero Romão Batista (1844-1934), o Padre Cícero, líder religioso e político de extraordinária influência em Juazeiro do Norte (CE). Rachel de Queiroz conheceu-o, quando ele "tinha mais de 80 anos; já não parecia um ente humano, mas uma imagem animada, com aquela 'fala diferente' a que se refere um cantador (...)" ("O Padre Cícero Romão Batista". *In:* QUEIROZ, Rachel de. *A donzela e a moura torta*. Rio de Janeiro: José Olympio, 1948).
2. Referência ao episódio bíblico em que o profeta Daniel foi condenado ao aprisionamento numa cova com leões, por ter infringido um decreto do rei Dario. A fé de Daniel, porém, salvou-o da morte: um anjo enviado por Deus fechou a boca dos leões.
3. A estátua de bronze do Padre Cícero, em tamanho natural, foi feita pelo escultor José Otávio Correia Lima (1878-1974). Inaugurada em 11 de janeiro de 1925, encontra-se na praça Padre Cícero, em Juazeiro do Norte.

LAMPIÃO

1. Nome de guerra de Virgulino Ferreira da Silva (1900-1938), líder de cangaço. Rachel de Queiroz voltou a escrever sobre Lampião na peça de teatro homônima, encenada e publicada em 1953.
2. Roldão, sobrinho do imperador Carlos Magno, e Tartarin, protagonista de *Tartarin de Tarascon* (1872), obra de Alphonse Daudet (1840-1897), são exemplos de heróis tanto da história quanto da ficção.
3. Arnês e guante, itens do traje de um guerreiro. Arnês era a armadura completa, dos pés à cabeça; e guante, a luva de ferro da armadura.
4. A frase "Tá aqui o que d. Federalina mandou" consagrou-se na tradição popular como o bordão dos homens que matavam em nome de d. Federalina ou Fideralina de Lavras (c. 1832-1919), célebre matriarca do interior do Ceará. Rachel de Queiroz escreveu-lhe um perfil em parceria com Heloísa Buarque de Hollanda. ("Matriarcas do Ceará – d. Fideralina de Lavras". In: UNIVERSIDADE FEDERAL DO RIO DE JANEIRO. *Papéis Avulsos*. Rio de Janeiro: Coordenação Interdisciplinar de Estudos Culturais, 1990, n. 24.)
5. Quadra da literatura popular recolhida por Maximiano Lemos Filho. (*Clã do açúcar: Recife – 1911/1934*. Rio de Janeiro: Livraria São José, 1960, p. 200.)
6. Quadra da literatura popular recolhida por Alceu Maynard Araújo e J. Lanzellotti. (*Brasil – Histórias, costumes e lendas*. São Paulo: Editora Três, 1987, p. 161.)
7. Nota ao final do poema em *Cipó de Fogo*: "Rachel de Queiroz manda para vocês do sul 'Lampião' amarrado em *Cipó de Fogo*. Poema que faz parte de *Mandacaru*, livro de versos modernos escrito antes do triunfo de *O Quinze*. *Mandacaru*, embora seja um livro de papoco, ainda não foi publicado, porque Rachel não quis. Nem por nada."

RENDA DA TERRA

1. Na confecção da renda da terra, ou de bilro, a rendeira usa fios enrolados em caroços de macaúba, bilros (fusos) de madeira, cartões furados (piques) com o desenho a ser bordado, presos em almofadas por alfinetes de espinho de mandacaru.
2. Viço ou vício, hábito de comer terra (geofagia).
3. Estacas usadas na construção de paredes de barro cozido.
4. Alusão a Iracema, protagonista do romance homônimo de José de Alencar (1829-1877), publicado em 1865.
5. Em *Iracema*, Martim Afonso Moreno, primeiro ocupador e pacificador do Ceará, tem um filho com Iracema – Moacir, o primeiro brasileiro. O "corpo que Martim enterrou sob a areia" remete ao trágico desfecho do romance de Alencar, em que a heroína homônima, consumida de saudades do amado até a morte, é sepultada pelo próprio Martim.
6. No nome de Iracema, o radical "ira-" significa "mel" em tupi-guarani.

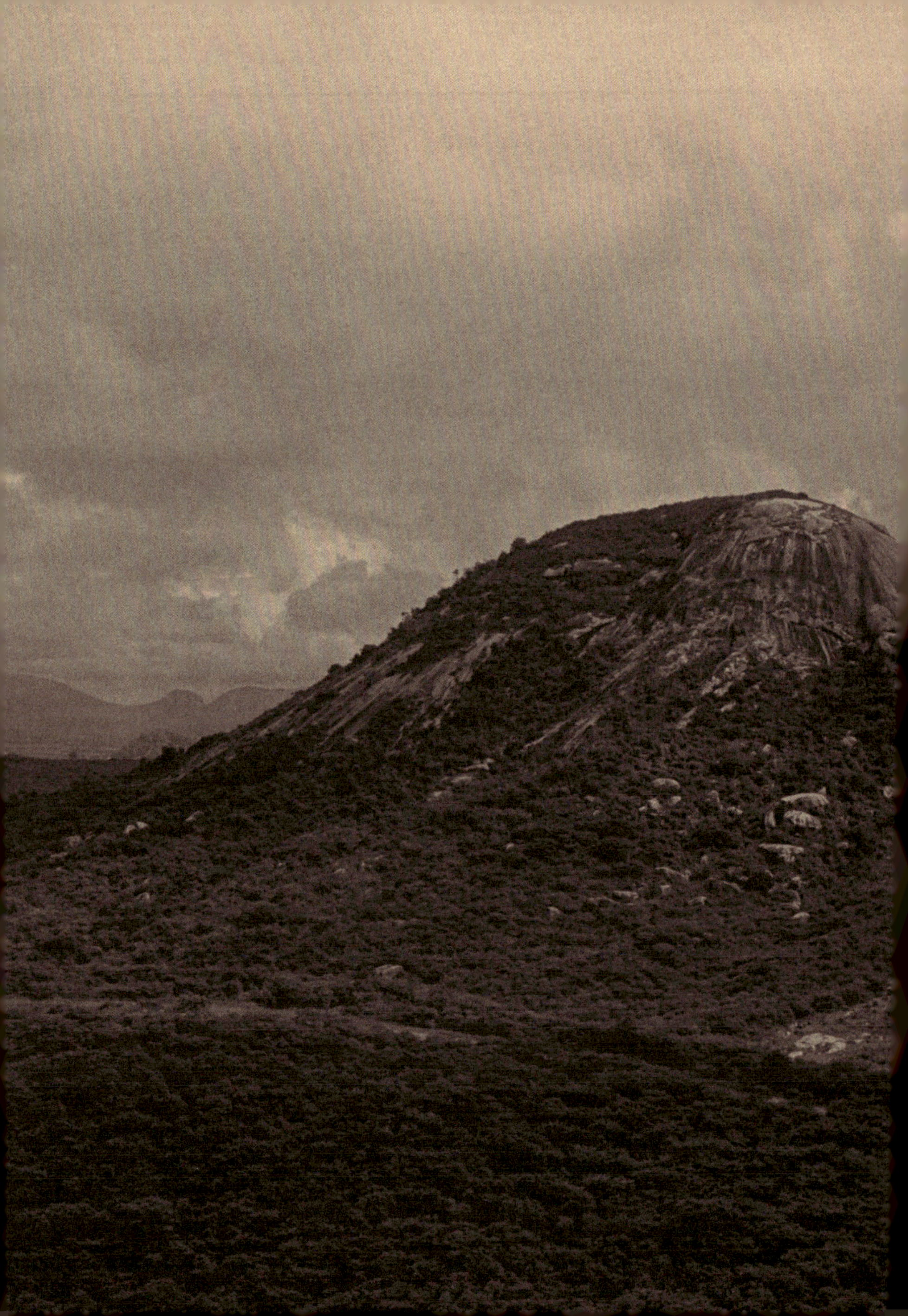

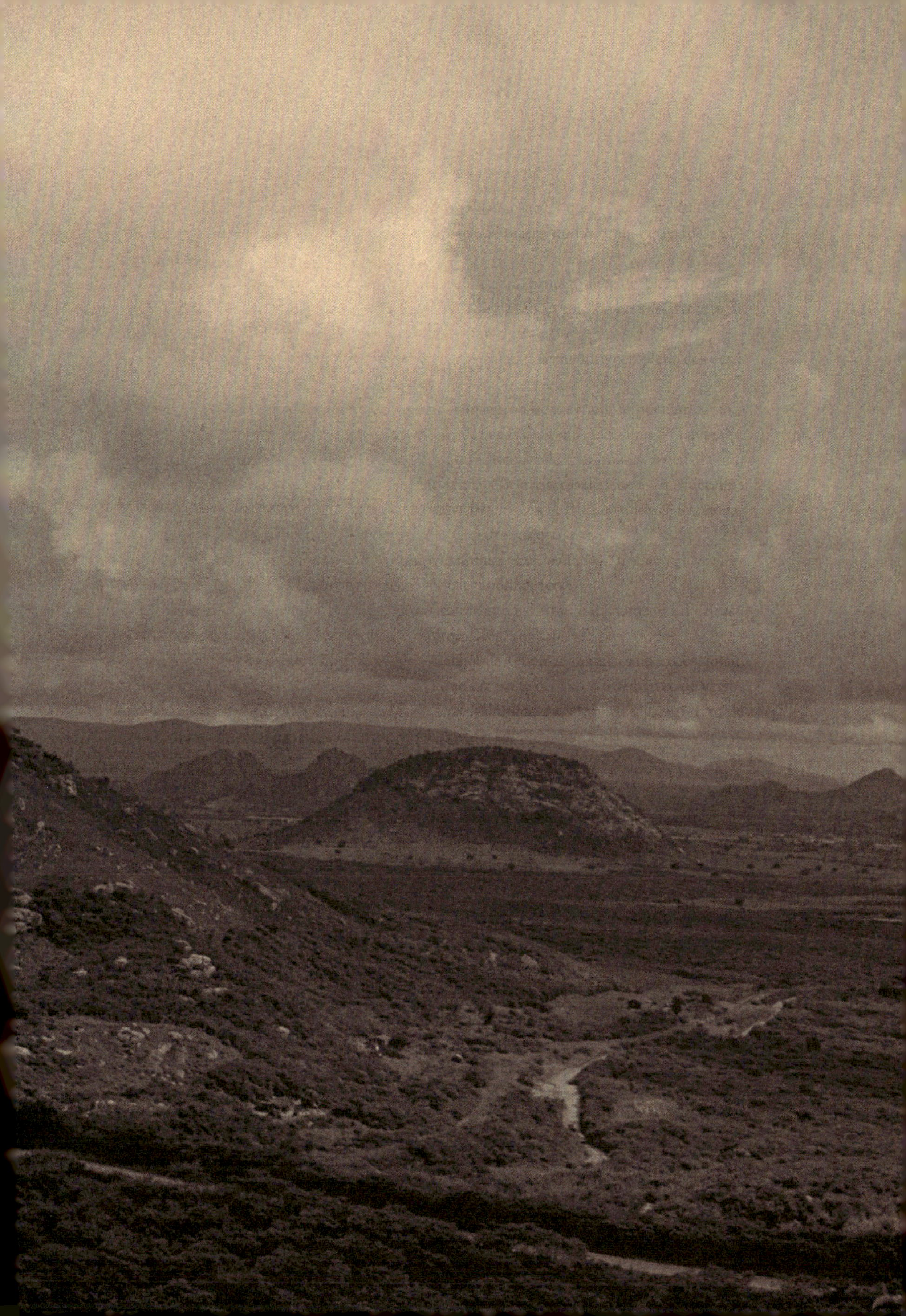

CRITÉRIOS PARA FIXAÇÃO DE TEXTO E NOTAS

Fábio Frohwein

O Fundo Rachel de Queiroz,[1] depositado na Reserva Técnica Literária do Instituto Moreira Salles, dispõe de 12 documentos relacionados a *Mandacaru*: dois manuscritos da autora, quatro datiloscritos e seis recortes de periódico. O manuscrito A (msA), de 34 folhas pautadas 21,7 x 32,8 cm, assinado com as iniciais R.Q. na última página do texto introdutório e datado de outubro de 1928, é o único que contém os dez poemas de *Mandacaru* – "Nheengarêçaua", "D. Bárbara de Alencar", "O êxodo", "O Acre", "Nascimento", "Cedro", "Orós, "Meu padrinho", "Lampião" e "Renda da terra"– o que nos levou a adotá-lo para reprodução fac-similar e texto-base principal desta edição.

A perda das páginas 21, 34 e 36 de msA prejudicou o texto dos poemas "Nascimento", "Lampião" e "Renda da terra". Tal problema foi

---

[1]. O Fundo Rachel de Queiroz compõe-se de correspondência, recortes de periódico, documentos pessoais, fotos e originais de obras da autora.

parcialmente solucionado por meio do datiloscrito A (datA), de 17 folhas 21,9 x 32,4 cm, que, se não está completo, trazendo apenas seis dos dez poemas – "Nheengarêçaua", "D. Bárbara de Alencar", "O êxodo", "O Acre", "Nascimento" e "Renda da terra" –, oferece o texto integral dos dois últimos. Adotamos, portanto, datA como texto-base complementar de msA, apenas para o final de "Nascimento" (vv. 46-51) e "Renda da terra" (vv. 25-74), já que não há discordâncias entre msA e datA nos demais versos dos dois poemas. Quanto a "Lampião", empregamos outro texto-base complementar de msA para reconstituir os versos finais (vv. 82-93) – a versão do poema publicada na revista *Cipó de Fogo* (CF), em 27 de setembro de 1931.

Outros documentos relacionados a *Mandacaru* registram variantes autorais úteis a um estudo crítico-genético, o que não constituiu nosso objetivo nesta edição. São eles:

msB: manuscrito de doze folhas pautadas 21,7 x 32,8 cm contendo cinco dos dez poemas de *Mandacaru* – "Nheengara" [*sic*], "Meu padrinho", "Cedro", "Orós" e "Lampião";

datB: datiloscrito encadernado de 35 folhas 16,9 x 22,3 cm contendo os dez poemas de *Mandacaru*;

datC: datiloscrito de duas folhas 21,7 x 31,5 cm contendo "Meu padrinho", com indicação de fonte ao final: *O Povo*, 21.12.1929;

datD: datiloscrito de duas folhas 21,5 x 31,2 cm contendo "Meu padrinho", com indicação de fonte ao final: *A Jandaia*, 14.12.1929;

recA: recorte de periódico contendo "Renda da terra", extraído de *O Cruzeiro*, de 23.11.1929;

recB: recorte de periódico contendo "Nheengarêçaua", extraído de *O Povo*, de 07.01.1930;

recc: recorte de periódico contendo "Nheengarêçaua", extraído de *O Cruzeiro*, de 22.02.1930.[2]

Nesta edição, mantivemos a ordem dos poemas, a assimetria de estrofação e de recuo dos versos, de acordo com msA. *Mandacaru* reflete a poética da geração modernista de 1922, que rompeu com o formalismo e tradicionalismo da literatura brasileira. Portanto, conservamos, no texto estabelecido, o aspecto assimétrico de msA para que essa característica visual ressalte ao leitor. Respeitamos também as iniciais minúsculas de versos, recurso gráfico intencionalmente empregado pelos poetas modernistas. Reintegramos o fragmento do verso sempre que a autora o indicou com colchetes.

Lentamente, pedra a pedra, a barragem gigante foi-se
                                    [erguendo...

↓

Lentamente, pedra a pedra, a barragem gigante foi-se erguendo...
("Cedro", v. 26)

---

2. Os documentos recA, recB e recC encontram-se num álbum de 75 páginas, organizado por Clotilde Franklin de Queiroz, mãe de Rachel de Queiroz, que compilou recortes das primeiras publicações da autora em periódicos. Há também, nesse álbum, dois recortes sobre *Mandacaru* – "Mandacaru: o poema de Rachel de Queiroz", extraído de *O Ceará*, de 5 de setembro de 1928; e "Mandacaru: versos de Rita de Queluz", extraído de *Correio do Ceará*, de 24 de setembro de 1928. Além desses, consta ainda do Fundo Rachel de Queiroz um recorte de periódico com o artigo "Mandacaru: livro de Rachel de Queiroz que não foi publicado", extraído da *Gazeta de Notícias de Fortaleza*, de 23.10.1966.

Eleitos msA, datA e CF como texto-base de *Mandacaru* e conservados a estrofação e recuos de versos, demos continuidade ao estabelecimento de texto com a emenda de erros óbvios:

1. embelzando > embelezando (parágrafo 3 do texto introdutório);
2. os Nordeste > os do Nordeste (parágrafo 5 do texto introdutório);
3. lhes sugaram > lhe sugaram ("D. Bárbara de Alencar", v. 26);
4. toda gente > toda a gente ("O êxodo", v. 5);
5. Mãesiha > Mãezinha ("O êxodo", v. 22);
6. na noites claras > nas noites claras ("Orós", v. 61);
7. o profeta na curva dos leões... > o profeta na cova dos leões... ("Meu padrinho", v. 31);
8. meu perdoe > me perdoe ("Meu padrinho", v. 54);
9. não se viam > não se via ("Lampião", vv. 63-64).

Atualizamos a ortografia e a acentuação gráfica com base no *Vocabulário ortográfico da língua portuguesa*.[3] Mas é importante explicarmos a ocorrência de duas categorias de fenômenos ortográficos em msA, para que o leitor compreenda o que encontra no fac-símile.

Integram a primeira categoria grafias tão somente arcaicas, como por exemplo:

> extende, emtanto ("Nheengarêçaua", vv. 25 e 28); acto ("D. Bárbara de Alencar", v. 11); dezeseis ("O êxodo", v. 35); scintillam, iguaes ("O êxodo", vv. 51 e 52); anciosa, triumphante, tijella, beri-beri ("O Acre",

---

3. ACADEMIA BRASILEIRA DE LETRAS. *Vocabulário ortográfico da língua portuguesa*. 5. ed. Rio de Janeiro: Global Editora, 2009.

vv. 5, 8, 13 e 19); páo ("Nascimento", v. 27); ahi, á Europa ("Cedro", vv. 20 e 25); mysterio, amarello ("Orós", vv. 17 e 25).

A segunda categoria, por sua vez, compõe-se de fatos ortográficos que podem assinalar características de estilo ou de fala da autora, da época e da região:[4]

epopéa, balbuceios, estréas (parágrafos 2, 5 e 6 do texto introdutório); despunham ("D. Bárbara de Alencar", v. 43); engulir, epopéa ("O êxodo", vv. 5 e 57); peor, crôa ("O Acre", vv. 47 e 78); emigrante, oiro ("Nascimento", vv. 30 e 37); Joazeiro ("Meu padrinho", v. 40); Lampeão(ões) ("Lampião", vv. 1, 6, 15, 21, 38, 44, 48, 51 e 61), enxameios, Joaseiro, teên ("Lampião", vv. 27, 35 e 51).

Adotamos nesta edição o mesmo critério ortográfico para ambas as categorias, uma vez que o leitor encontra os fenômenos mencionados nas imagens de msA. A função principal do texto estabelecido, nesta edição, não é servir de ponto de partida, mas auxiliar a leitura do fac-símile, na medida em que o leitor necessite elucidar passagens obscuras por causa de ortografia ou de caligrafia.

Além da ortografia, atualizamos também o emprego de sinais de pontuação. A virgulação de *Mandacaru* é própria de uma época em que o uso de vírgulas se baseava na teoria da pausa, diferentemente do emprego atual, fundamentado em critérios sintáticos. A manutenção indiscriminada das vírgulas originais de msA poderia dificultar a leitura, já que em alguns trechos a virgulação contraria a tendência moderna. Para não

---

4. A relação que se segue é exaustiva.

nos estendermos muito, merece menção a vírgula entre sujeito e predicado, caída em desuso:

e ele, agarrou no dinheiro, → *e ele agarrou no dinheiro,*
("O Acre", v. 77)

Ainda quanto aos sinais de pontuação, mantivemos todas as reticências. Abundantes em *Mandacaru*, são um recurso estilístico recorrente também em outros poemas de Rachel de Queiroz publicados na época.

Uniformizamos o emprego de aspas, itálicos, travessões, numerais, regime de maiúsculas, pronomes e formas de tratamento, eliminando oscilações de msA. As aspas, nesta edição, indicam citação, título de poema ou música, discurso direto e, mais raramente, palavras e pequenos enunciados com valor expressivo, sempre em pares, conforme o uso atual – no início e no fim do elemento destacado. Suprimimos as aspas verso a verso.

Rachel de Queiroz grifou com sublinha ou com aspas regionalismos e estrangeirismos, não havendo uma distinção para cada emprego. Por ocorrerem sempre em discurso direto, já entre aspas duplas, usamos aspas simples em regionalismos:

"*– Pensa que eu tenho medo de você, chefe?*
Se é 'home', corra dentro!
Eu gosto de lustrar a minha faca
com azeite de Lampião..."
("Lampião", vv. 58-61)

Em estrangeirismos, preferimos o itálico.

Aspas seguidas de travessão indicam discurso direto. A combinação justifica-se pelo fato de, em msA, o término da fala da personagem às vezes não se distinguir visualmente do início da voz do eu poético. Sendo assim, marcamos com aspas tanto o início quanto o fim do turno:

"– Qual é o meio de prender a água do céu,
que foge do chão do Norte?..."
Os conselheiros prudentes,
cofiando os bigodes ilustres, remexendo na Ciência engavetada,
disseram muita bobagem...
("Cedro", vv. 5-11)

Conservamos os travessões duplos, que destacam elementos do texto, mas suprimimos os simples que não indicam discurso direto, por não distinguirem com precisão o elemento do texto:

– o filho da terra, pequeno e feioso,
que é como o mandacaru:
– quando a tragédia seca escorraça a vida e absorve as seivas

só ele, isolado,
– no meio da caatinga que se apinha

↓

o filho da terra, pequeno e feioso,
que é como o mandacaru:
quando a tragédia seca escorraça a vida e absorve as seivas,

só ele, isolado
no meio da caatinga que se apinha
("Nheengarêçaua", vv. 18-24)

Unificamos os numerais por extenso, seguindo a tendência majoritária de msA (quatro algarismos contra oito formas desenvolvidas), exceção única para o formato consagrado da data histórica 13 de Maio ("Nascimento", v. 45):

77... 88... o 15... → *Setenta e Sete... Oitenta e Oito... o Quinze...*
("O êxodo", v. 1)

Mantivemos o regime de maiúsculas original, mas substituímos por maiúsculas as minúsculas após exclamação e interrogação, conforme o uso atual:

Mas que vale morrer? tudo morre no mundo!

↓

Mas que vale morrer? Tudo morre no mundo!
("D. Bárbara de Alencar", v. 29)

Quanto a pronomes de tratamento e títulos, ocorrem em msA três abreviados e três desenvolvidos. Não havendo, portanto, tendência evidente, preferimos a forma reduzida:

Senhor Presidente → Sr. Presidente
("Orós", v. 51)

Por fim, acrescentamos ao texto estabelecido recursos auxiliares. À margem esquerda da mancha, o leitor disporá de régua com numeração de versos. No rodapé, o aparato crítico traz notas explicativas com informações literárias, geográficas, históricas e lexicais. Imbuída de nacionalismo, Rachel de Queiroz manuseou, em *Mandacaru*, a História, tradição, situação geopolítica, paisagem e linguagem do Nordeste. As notas, portanto, recuperam esses dados da realidade local – personagens e fatos históricos, cidades, açudes, elementos literários da região e regionalismos.

BIBLIOGRAFIA

ALENCAR, José de. *Iracema*. Rio de Janeiro: José Olympio, 1965.

ANDRADE, Carlos Drummond de. *A lição do amigo: cartas de Mário de Andrade a Carlos Drummond de Andrade*. Rio de Janeiro: Livraria José Olympio Editora, 1982.

ANDRADE, Mário de. *O movimento modernista*. Rio de Janeiro: Casa do Estudante do Brasil, 1942.

ANDRADE, Mário de. *O empalhador de passarinho*. 2. ed. São Paulo: Martins Fontes, 1955.

ANDRADE, Mário de. *Macunaíma: o herói sem nenhum caráter*. 10. ed. São Paulo: Martins Fontes, 1974.

ANDRADE, Mário de. *Táxi e crônicas no* Diário Nacional. São Paulo: Livraria Duas Cidades/Secretaria da Cultura, Ciência e Tecnologia, 1976.

ARAÚJO, Alceu Maynard e LANZELLOTTI, J. *Brasil: histórias, costumes e lendas*. São Paulo: Editora Três, 1987.

ARRIGUCCI JR., Davi. *O cacto e as ruínas*. 2. ed. São Paulo: Duas Cidades/Editora 34, 2000.

ARRIGUCCI JR., Davi. *O guardador de segredos*. São Paulo: Companhia das Letras, 2010.

AZEVEDO, Otacílio de. *Fortaleza descalça*. Fortaleza: Casa de José de Alencar, 1992.

AZEVEDO, Sânzio de (org.). *O pão: da padaria espiritual*. Fortaleza: UFC/Academia Cearense de Letras, 1982.

AZEVEDO, Sânzio de. *Aspectos da literatura cearense*. Fortaleza: Edições UFC/Academia Cearense de Letras, 1982.

AZEVEDO, Sânzio de. *Dez ensaios de literatura cearense*. Fortaleza: Edições UFC, 1985.

AZEVEDO, Sânzio de. *Novos ensaios de literatura cearense*. Fortaleza: Casa de José de Alencar, 1992.

AZEVEDO, Sânzio de. *O modernismo na poesia cearense: primeiros tempos*. Fortaleza: Imprensa Oficial do Ceará, 1995.

BANDEIRA, Manuel. *Poesia completa e prosa*. Rio de Janeiro: Nova Aguilar, 1958. v. 2.

BARREIRA, Dolor. *História da literatura cearense*. [Fortaleza]: Editora do Instituto do Ceará, 1948.

BARROSO, Gustavo. *À margem da história do Ceará*. Ceará: Imprensa Universitária do Ceará, 1962.

BOAVENTURA, Maria Eugênia. *22 por 22: a Semana de Arte Moderna vista pelos seus contemporâneos*. São Paulo: Edusp, 2000.

BRITO, Mário da Silva. *História do Modernismo brasileiro: antecedentes da Semana de Arte Moderna*. 6. ed. Rio de Janeiro: Civilização Brasileira, 1998.

BRUNO, Haroldo. *Rachel de Queiroz: crítica, bibliografia, depoimento, seleção de textos, iconografia*. Rio de Janeiro/Brasília: Livraria Editora Cátedra/INL, 1977.

BUENO, Antônio Henrique da Cunha e BARATA, Carlos Eduardo de Almeida. *Dicionário das famílias brasileiras*. [s.l.]: IberoAmérica, [2001]. v. 1.

CAMINHA, Adolfo. *A normalista*. Fortaleza: Editora ABC/Fundação Cultura, 1997.

CASCUDO, Luís da Câmara. *Dicionário do folclore brasileiro*. Rio de Janeiro: INL, 1954.

CIPÓ DE FOGO, [Fortaleza], n. 1, 27.09.1931

EDELWEISS, Frederico G. *Estudos tupis e tupi-guaranis: confrontos e revisões*. Rio de Janeiro: Livraria Brasiliana Editora, 1969.

FACÓ, Rui. *Cangaceiros e fanáticos: gênese e lutas*. 5. ed. Rio de Janeiro: Civilização Brasileira, 1978.

FARIAS, Hélio Takashi Maciel de. *Contra as secas: a engenharia e as origens de um planejamento territorial*. Dissertação de Mestrado em Arquitetura e Urbanismo defendida na Universidade Federal do Rio Grande do Norte em 2008.

FAUSTO, Boris. *História concisa do Brasil*. São Paulo: Imprensa Oficial/Edusp, 2001.

FERREIRA, Ascenso. *Catimbó*. 5. ed. Recife: Nordestal Editora, 1995.

FUNDAÇÃO BIBLIOTECA NACIONAL. *Anais da Biblioteca Nacional do Rio de Janeiro*. Rio de Janeiro: Tip. de G. Leuzinger & Filhos, 1892. v. 15.

GARRIDO, Antonio. "A matança dos inocentes". *Revista de Antropofagia. Diário de São Paulo*. São Paulo. 19.07.1929, p. 12.

GARRIDO, Antonio. "Filosofia de antropófago". *Revista de Antropofagia*. São Paulo. 01.08.1929, p. 10.

GIRÃO, Raimundo e MARTINS FILHO, Antônio. *O Ceará*. 2. ed. Fortaleza: Editora Fortaleza, 1945.

GIRÃO, Raimundo. "A declaração". *Revista do Instituto do Ceará*. Tomo especial de 1984, pp. 27-35.

GIRÃO, Raimundo. *Pequena história do Ceará*. [Fortaleza]: Editora A. Batista Fontenele, 1953.

GUELFI, Maria Lúcia Fernandes. *Novíssima: estética e ideologia da década de vinte*. São Paulo: USP/IEB, 1987.

INOJOSA, Joaquim. *A arte moderna: 60 anos de um manifesto modernista*. Rio de Janeiro: Cátedra, 1984.

INOJOSA, Joaquim. *O movimento modernista em Pernambuco*. Rio de Janeiro: Gráfica Tupy Ltda. Editora, 1968. v. 2.

INOJOSA, Joaquim. *Sursum corda!* Rio de Janeiro: Gráfica Olímpica Ed., 1981.

IVO, Lêdo. *Ajudante de mentiroso*. Rio de Janeiro: Academia Brasileira de Letras/ EDUCAM, 2009.

JUNQUEIRO, Guerra. *A musa em férias: idílios e sátiras*. Lisboa: Typ. das Horas Românticas, 1879.

JUNQUEIRO, Guerra. *A musa em férias: idílios e sátiras*. 3. ed. Lisboa: Liv. António Maria Pereira, 1893.

JUNQUEIRO, Guerra. *A musa em férias: idílios e sátiras*. 4. ed. Lisboa: Parceria António Maria Pereira, 1906.

JUNQUEIRO, Guerra. *A musa em férias: idílios e sátiras*. 9. ed. Lisboa: António Maria Pereira Livraria Editora, 1944.

LEMOS FILHO, Maximiano. *Clã do açúcar: Recife – 1911/1934*. Rio de Janeiro: Livraria São José, 1960.

MARACAJÁ: *folha modernista do Ceará*. Fortaleza, n. 1, 07.04.1929.

MARACAJÁ: *folha modernista do Ceará*. Fortaleza, n. 2, 26.05.1929.

MARÇAL, Heitor. "O índio Ciará". *Revista de Antropofagia*. Diário de São Paulo. São Paulo. 24.04.1929, p. 10.

MORAES, Eduardo Jardim de. *A brasilidade modernista: sua dimensão filosófica*. Rio de Janeiro: Edições Graal, 1978.

MOTA, Leonardo. *No tempo de Lampião*. 3. ed. Rio de Janeiro/Brasília: Livraria Editora Cátedra/INL, 1976.

MOTA, Leonardo. *Cantadores: poesia e linguagem de sertão cearense*. Belo Horizonte: Editora Itatiaia Limitada, 1987.

NERY, Hermes Rodrigues. *Presença de Rachel*. Ribeirão Preto: FUNPEC-Editora, 2002.

NOBRE, António. *Só*. 2. ed. Lisboa: Guillard, Aillaud & Cia., 1898.

PEREGRINO JÚNIOR, João. *O movimento modernista*. Rio de Janeiro: Ministério da Educação e Cultura, 1954.

QUEIROZ, Rachel de. *O Quinze*. Fortaleza: Tipografia Urânia, 1930.

QUEIROZ, Rachel de. *A donzela e a moura torta*. Rio de Janeiro: Academia Brasileira de Letras, 1987.

QUEIROZ, Rachel de. *O Não Me Deixes: suas histórias e sua cozinha*. São Paulo: Siciliano, 2000.

QUEIROZ, Rachel de e QUEIROZ, Maria Luiza de. *O nosso Ceará*. Fortaleza: Fundação Demócrito Rocha, 1996.

QUEIROZ, Rachel de e QUEIROZ, Maria Luiza de. *Tantos anos*. 2. ed. São Paulo: Siciliano, 1998.

RACHEL *de Queiroz: os oitenta*. Rio de Janeiro: José Olympio, 1990.

REGO, José Lins do. *Presença do Nordeste na literatura*. Rio de Janeiro: Ministério da Educação e Cultura, 1957.

SALES, Antônio. *Novos retratos e lembranças*. Fortaleza: Casa de José de Alencar/ Programa Editorial, 1995.

SARASATE, Paulo. *O Rio Jaguaribe é uma artéria aberta*. Rio de Janeiro/São Paulo: Freitas Bastos, 1968.

SENNA, Homero. *República das Letras*. Rio de Janeiro: Gráfica Olímpica Editora, 1968.

TELES, Gilberto Mendonça. *Vanguarda europeia e modernismo brasileiro*. Petrópolis: Vozes, 1992.

TURF. *Revista de Antropofagia. Diário de São Paulo*. São Paulo. 24.04.1929, p. 10

VAINFAS, Ronaldo (dir.). *Dicionário do Brasil imperial, 1822-1889*. Rio de Janeiro: Objetiva, 2002.

INSTITUTO MOREIRA SALLES

Walther Moreira Salles (1912-2001)
Fundador

DIRETORIA EXECUTIVA

João Moreira Salles
Presidente

Gabriel Jorge Ferreira
Vice-Presidente

Mauro Agonilha
Raul Manuel Alves
Diretores Executivos

CONSELHO DE ADMINISTRAÇÃO

João Moreira Salles
Presidente

Fernando Roberto Moreira Salles
Vice-Presidente

Gabriel Jorge Ferreira
Pedro Moreira Salles
Walther Moreira Salles Junior
Conselheiros

ADMINISTRAÇÃO

Flávio Pinheiro
Superintendente Executivo

Samuel Titan Jr.
Jânio Gomes
Coordenadores Executivos

Odette J.C. Vieira
Coordenadora Executiva de Apoio

Elvia Bezerra
Coordenadora | Literatura

Flávio Moura
Coordenador | Internet

Beatriz Paes Leme
Coordenadora | Música

Sergio Burgi
Coordenador | Fotografia

Heloisa Espada
Coordenadora | Artes

Elizabeth Pessoa
Odette J.C. Vieira
Vera Regina Magalhães Castellano
Coordenadoras | Centros culturais

Mandacaru © Instituto Moreira Salles, 2010

Imagens das pp. 2-3, 56-57, 142-143 e 159: Fotografias de Edu Simões para os CADERNOS DE LITERATURA BRASILEIRA de Rachel de Queiroz (Rio de Janeiro: Instituto Moreira Salles, 1997, n. 4)

Organização Elvia Bezerra

Coordenação editorial Samuel Titan Jr.

Estabelecimento de texto e notas Fábio Frohwein

Projeto gráfico Mayumi Okuyama

Preparação e revisão Flávio Cintra do Amaral e Sandra Brazil

Produção editorial Denise Pádua

Fotografia e tratamento de imagens Motivo

Produção gráfica Jorge Bastos e Acássia Correia

Impressão Ipsis Gráfica e Editora

Agradecimentos Primeiramente, e muito, a Sânzio de Azevedo, pelas pistas valiosas e pelo envio de cópias do suplemento literário *Maracajá 1* e da revista *Cipó de Fogo*, além de Cecília Himmelseher, Clélia Lustosa, Cristina Zappa, Davi Arrigucci Jr., Edmílson Caminha, Eduardo Coelho, Eduardo Jardim, Hermínia Totti, Joanna Americano Castilho, Lucia Riff, Isabel Lustosa, Maria Luíza de Queiroz, Sergio Burgi, Marcelo Tápia, diretor da Casa Guilherme de Almeida, Marcela Virgínia, Sergio Pachá, Teresa Maria Frota Bezerra.

Dados Internacionais de Catalogação na Publicação (CIP)
(Câmara Brasileira do Livro, SP, Brasil)

Queiroz, Rachel de, 1910-2003.
    Mandacaru / Rachel de Queiroz ; organização Elvia Bezerra. – São Paulo: Instituto Moreira Salles, 2010.

    Bibliografia
    ISBN 978-85-86707-59-9

    1. Queiroz, Rachel de, 1910-2003 – Crítica e interpretação 2. Poesia brasileira I. Bezerra, Elvia. II. Título.

10-11136   CDD-869.98

Índice para catálogo sistemático:
1. Escritoras brasileiras : Apreciação crítica
: Literatura brasileira   869.98

TIRAGEM 1.500 exemplares   TIPOLOGIA Aldus   PAPEL Pólen bold 90 gr/m²

WWW.IMS.COM.BR